> jedesmal
> wenn die silbe mich regt
> tanzt die forelle
>
> Hans Echterbecker
Das Weite Feld

Redaktion   Hans Echterbecker
            Bettina Hohmann

KONZEPTE erscheinen in unregelmäßiger Folge als Edition des
WORKSHOP LITERATUR der VHS, Lemgo.
Alle Rechte bei den Autoren.

Layout und Titelphoto: Hans Echterbecker

Satz: Herta Setzer
      Maria Nekes

Verlag und Druck: LITprivat Arthur Göttert   Goethestr. 49 / 32584 LÖHNE

ISBN 3-929793-12-1

Printed in Germany

Erstauflage Oktober 1993

KONZEPTE

Nr. 12   Herbst 1993

INHALT

Vorwort	5	
Lemgo	8	Martin Cutzé
Muriti wa Lesu	16	
An meine Muse	21	
The Far Field / Das Weite Feld	24	Hans Echterbecker
Essay: Freude und Wissen	67	
Kopfmorde	71	Christiane Englitz
Sketch	76	Annemarie Fehlberg
Sieben Gedichte	78	Bettina Hohmann
Endlosigkeiten im Narrenkostüm des Augenblicks	84	
Flecken auf der Seele	88	Erla Hüffmann
Willi Schneider	95	
Ex ist In	98	
Schilf I & II	100	Felicitas Kohring
DER LEISE VOR SICH HINSTÖHNENDE MÜLL BERG VON C	106	Csaba Mánfai
Galavorstellung (parlando)	113	

Zwei Erzählungen	115	Karlheinz Machel
Domestizierte Natur	121	
Reminiszenz	121	
Zwei Gedichte	99	Susanne Meeske-Geffroy
Zwei Gedichte	122	Maria Nekes
Happy End	123	Friedrich-Wilhelm Petig
Schilfrohr: *Dithyrambisch 1, 2*	102	Friedrich Schulte zur Haide
Sequenz: *"idea heißt form"*	61	
Wüste	126	Herta Setzer
Ali	127	
Biographisches	131	

Csaba Mánfai

Umschlagseite 4:
An diesem Tag

Literaturförderung durch die Volkshochschule? Hilfe zur Selbsthilfe leistet der Worhshop Literatur der VHS Lemgo seit dreizehn Jahren mit wechselndem Erfolg, und damit ist sicherlich richtiger beschrieben, was Erwachsenenbildung auf kommunaler und regionaler Ebene, im mittelständischen und ländlichen Bereich für die Literatur wie die Bildende Kunst zu leisten vermag: Suchende und Unschlüssige zu ermuntern, die eigene Kreativität zu entdecken, den Versuch zur Form zu wagen; den Ort für das gemeinsame Gespräch, die kritische Diskussion untereinander über das Hervorgebrachte zur Findung eines eigenen ästhetischen Maßstabs zu bieten und schließlich in bescheidenem Umfang bei der Veröffentlichung hilfreich zu sein. Der Sund zwischen Skylla und Charybdis von Selbstüberschätzung und Minderwertigkeitsempfinden ist schmal und klippenreich, und für die Beteiligten gewiß schwer zu befahren. Für den Organisierenden droht die schlimme Gefahr, ungerechtfertigte Hoffnungen zu erwecken.

Kritische Solidarität ist notwendig untereinander wie beim Lesenden und Hörenden, damit der Weg des Schreibens zur je möglichen Erweiterung des Bewußtseins, zur Emanzipation, zum künstlerischen Gelingen führt.

Wilhelm Schönlau

Liebe Leser,

endlich ist es wieder soweit: Der Literaturworkshop der Volkshochschule der Alten Hansestadt stellt sich mit neuen Lemgoer Texten unter dem bewährten Titel "konzepte" der Öffentlichkeit vor - und damit auch zur Diskussion.

Mit besonderer Spannung darf diesmal erwartet werden, was da von Autorinnen und Autoren in fast einjähriger Arbeit vor - und nachgedacht wurde. Ganz offensichtlich hat sich in der derzeitigen Schreibwerkstatt eine Gruppe formiert, die mit viel Kreativität und Engagement die Dinge zielbewußt angeht. Die Gruppenstruktur scheint nahezu ideal: es geht sehr demokratisch zu, in der Regel wird lebhaft diskutiert und dennoch - und das ist augenfällig - ist man im Umgang miteinander sehr behutsam. Was den positiven Aspekt nach sich zieht, daß die Vielfalt der im Literaturworkshop vertretenen Charaktere nicht nur als Bereicherung hinsichtlich der persönlichen Arbeit eines jeden Einzelnen wirkt, sondern ihn darüber hinaus auch als Mensch und Individuum davon profitieren lassen, ihm neue Horizonte erschließen. Außerdem war es für mich als "neutralem Beobachter" faszinierend zu sehen, wie fruchtbar Kritik sein kann, wenn sie aufrichtig erfolgt und stets konstruktiven Charakter hat.

Als Vertreter meiner Zeitung - der LZ - war ich zweimal mit Vergnügen beim Literaturworkshop dabei, wurde in die anschließende gesellige Runde stets bereitwillig mit einbezogen und habe neben interessanten Fachsimpeleien und ernsthaften Gesprächen auch viel Spaß in einer fröhlichen Gemeinschaft miterlebt. Den engagierten Autoren der zwölften Lemgoer KONZEPTE wünsche ich auch weiterhin ein gutes Gelingen ihrer Arbeit, ein offenes und aufmerksames Publikum und allen Lesern viel Freude und literarischen Gewinn beim Studium der zur Diskussion gestellten Texte.

Ihre
Jutta Dümpe-Krüger

Martin Cutzé / LEMGO

i THE GREENGROCER

Shards of pane glass lie
strewn on the cobble
where timid foot falls
of unforgotten
citizens once fled
to the shelter of
their prescribed quarter.

Fragments gleam like frost
on green peppers ('from
Spain'), avocados
('from Israel') and
sub-tropical fruit
displayed as on a
Thanksgiving altar.

I step back into
the narrow alley
opposite and view
the scene; a still-life
with its title sprayed
in tomato-red
above: "Türken 'raus."

ii NEAR THE CAFÉ KOMIK BY NIGHT

The lights of the café
slope backwards
into the darkness
of the woods.

Cold winds roar
through the groaning beech
like a gale
on the Atlantic.

A withered arm torn
from a tree
crashes on the path
behind me

as I seek
absolution
deep in that
sea of violence.

iii ST NIKOLAI CATHEDRAL

The spires
of St Nikolai's
rise up as diverse
as the history
of its worshipers,

rest on
foundations bloodied
by intolerance
and a violent past.

iv JANUAR

Smog
verbirgt
das Dorf
unter seiner
dichten
Hülle.

Das Tal
liegt,
zugedeckt -
ein mürrisches
Kind,
im Winterschlaf.

Ich erliege
der Düsternis,

dem Versuch
nicht wieder
zu erwachen.

v MÄRZ

Göttersamen
tropft von
geschwollenen
Buchenzweigen.

Barhäuptig
wartend
werde
ich
von seiner
Feuchtigkeit
durchtränkt.

Dennoch rieseln
seine Keime
auf dürren Boden.

vi JULI

Leichter Wind
zaust die Zweige
der Silberbirken,
die das Bachufer
säumen.

Wo sich Rosen
am Eichenbalken
der Stallwand klammern,
jagen die Schwalben.

Sie sitzt und
summt, ihre gedämpfte
Stimme steigt auf
in den Abend
wie Nebelschleier.

Graugänse verdunkeln
den Himmel,
ihr entferntes Rufen
fängt sich im
still gewordenen Hof.

vii OKTOBER

Oktoberbuchen krönen
die Stadt,
erleuchten
den Tag.

Meine Schritte
versinken im
weichen Moos,
stören nicht

die Stille
womit der Wald
mich umfängt.

Besänftigt ist
die Rastlosigkeit
des Tales.

viii WINTER IN ENTRUP

Die kahle Erde
liegt erfroren
unter ihrer
straff gespannten
Schneehaut.

Am entfernten Ende
des Gartens
teilen sich
die Büsche.
Sonnen -
     reflexe
spotten lächelnd
auf dem
stahlgrauen Fluss .

MURITI WA LESU

I SUZ

funny it
came down
in buckets
when dad
was buried

light-ning struck
at the foot
of the hill

'my god'
i thought
'how draMATIC'

it poured
i believe
as you
reached your
rocky bed

masking fear with
great dignity you
turned to face
that vast arena

but hell ma
a grim thought -
i hope they
        didn't

      forget to

touch up

    your

          nail
            varnish

II DAD...

we never
got on
you and I.

Strange, but when
you lay there
barely conscious,
the need
to help
rose within me.

"Have you heard
from the farm?"
"Yes," you whispered.

"They must be
planting now."
You groaned.

"We've had good
rains this year."
You were silent
but your left
hand grasped mine
more firmly.

III BOET *

My Boet has kissed
the lips
of a preacher

whose tongue no longer
spews the dogma
of murder

and of suppression.
A bitter
taste they left.

What were you seeking, Boet?

Did curiosity release
a spirit
which possessed

your dreams,
where initial abhorance
became servility?

What now my Boetie?

                           * Bruder

Will you

Pray to that prophet
who robbed
our tribe of its joy

       or

drown your disgust
in the rewards
it provided

       or

destroy yourself
to expel
the beast?

AN MEINE MUSE

i

Ich bin
auf dem Rückzug
ins Gefängnis,
in dem mich Menschen,
Stimmen, Musik,
nicht länger berühren.

Ich bin allein,
nur ein geschätzter
Dichter tröstet
mich mit seinem Schmerz.

ii

Dein Stummsein
ist Antwort
auf ein Schweigen,
das seine Schlinge
um meine verengte
Kehle zieht.

Meine Augen sind
trocken von Tränen,
die ich weinen
möchte für nichts,
denn nichts bleibt;
nur eine Spur
grundlose Schuld,
die Leere zu füllen.

iii

Sonnenlicht
betäubt die Augen,
Tageslärm
erstickt die Ohren,
verblasst
ist all mein
Tun -
ich habe mich
zurückgezogen
darüber
     vergessen
wer ich bin.

iv

ich sitze
in einer Ecke,

sehe über
die Schulter
durch die Stäbe,

mit wachsender
Entfremdung.

Alle Käfige
trennen Mensch
und Geist

V

Wir sind
zusammen
      allein

beobachtend
    beobachtet.

Die einzige
Möglichkeit, aus
dieser dumpfen
Zelle
auszubrechen ist.
dem Kiefer
Worte zu
entwinden.

Sie tropfen
   zäh
      auf
leere Seiten.

Hans Echterbecker / THE FAR FIELD

I

The light of a sun
  on the leaves
       writhing up,
          toward it:
               Ivy of bowers & walls.
Ivy of cracked stone & rusted gates.
  Ivy climbing.

I enter by the gate. It is
  the way
to a wind-swept plateau from which
               the osprey soars.

I regard flight
as the Supreme Movement.

Neither the sea nor wings
are ever complete / or completely still.
  Nor are outcrops of rock
  or coral reefs.

  The flutter of wind
is a purposeful stirring.

  Feather of Leaves
in the play of pinions,
     dense b - l - u - r - s
       the sudden
     focus of two eyes:

Hans Echterbecker / DAS WEITE FELD

I

Das Licht einer Sonne
  flutet Blätter
      krümmt sich
        & springt
            ins Efeu der Lauben und Mauern.

 Efeu
rissigen Steins & rostiger Tore.
  Kletternder Efeu.

Durch dieses Tor trete ich ein. Es ist
 der Weg
zu einem windgekehrten Plateau von dem
            der Seeadler kreist.

Ich betrachte das Fliegen
als Höchste Form von Bewegung.

Weder See noch Schwingen
sind je vollendet / oder vollkommen still.
  Noch kopfschichtiger Fels
  oder Korallenriffe.

 Des Winds Geflatter
ist zweckmässige Regung.

  Laubs Feder
im Spiel der Spitzen,
     Wischen-der-Flecken,
          plötzlicher
Brennpunkt eines Augenpaars:

                        HE
            has the sun in his back.
                        HE
            holds the Power of Moment.

& the world is HIS world,
   however minute the detail -
     the whole
as vast as is beauty!

            Uproar . Celebration . Endurance
                        Forgiveness?

            'I have made my peace
            among grasses, stones...
            & hunting the blood
            to the heart of things

            I've come to regard
            its beat as a force,

                        inviolate
            as this love I hold,
                        which,
               holding me,

            is a fraility

            open to care
            or destruction.

                              ER
                   hat die Sonne im Rücken.
                              IHM
                   hört die Macht der Instanz.

& SEIN ist die Welt,
    egal wie winzig im Detail -
Alles in allem,
    gewaltige Pracht!

              Aufruhr . Festlichkeit . Bestand
                       Verzeihung?

              'Ich habe Frieden geschlossen
              unter Gräsern, Steinen...
              & auf der Pirsch meines Bluts
              zum Herzen der Dinge

              beschwöre ich nun
              der Liebe Puls.

              Heil, das ich hege
              sie, die mich hält,

              zerbrechlichen Wesens,

              das Sorgfalt ermöglicht
              & auch Zerstörung

2 (IDEAS OF THE FIRST ORDER: THE NATURE OF SILK)

      Light
for the sake of seeing,
backed by an suditory...

An impression on the grounds' soft giving,
                abandonment, things
                         left
                              to the rains
                              & winds,
    spells of frost,
                  to forgetfulness
                  & chance -

Or so it seems.

The spider knows this.
The silk of her web
              is sufficiently lithe
                to withstand
a predictable range of impact.
Forces beyond her control accepting,

she immediately mends
or makes new.

The pattern is of her mind.
              The design
must be sufficiently flexible
to allow
        amendment, $^{v}a^{r}$iation...

2 (BEGRIFFE ERSTER ORDNUNG: DER SEIDE BESCHAFFENHEIT)

Licht,
um sehen zu können,
unterstützt von Hörerschaft...

Ein Eindruck im Erdreich
           begründet
Verworfenheiten, Dinge
sich selbst überlassen,
                      Schauern
                      & Winden,
        Frostperioden,
              Vergesslichkeit
              & Chance -

Es liegt auf der Hand.

Die Spinne weiss das.
Ihr Gespinst
        ist geschmeidig genug,
            einer voraussehbaren Breite
von Einwirkungen standzuhalten.
In Akzeptanz von Kräften
                  ausserhalb ihrer Gewalt
bessert sie aus
oder macht's neu.

Das Muster ist intelligent.
        Absicht wie Ausführung
erfüllen vielseitigen Anspruch
auf Ergänzung
            & V$_a$^{r}iation...

ANTITHESIS
Is the ultimate device
    for the one
        bent on effect. To him

    words
    verge on reals.

He
who writes his day
    on glass

sets frost before resemblance.

    Things sudden
& things temporal,
        things faintly present,
    that these too

cohere...

ANTITHESE
ist der gelungene
   Kunstgriff des Maestro.
   Wort

      deutet Wirklichkeit.

Beschlagener Spiegel
plötzlicher Reif:

Vereiteltes Ebenbild
der Moderne.

   Sensationen
   Phänomene,
            Schimmer,
   dass auch diese

   Anschluss finden...

3

Follow the people;
do not embrace the sun!

    Shadow-cast,
these pebbles & blues, as are
the silhouettes of birch...

Each time
the syllable moves:
    A dancing of trout!

Stalks too
    attend
    a resident obeisance.

              Pines easterly
              at 5 a.m: SUNRISE!

              Magnolias . Fresh Poems .
              Songs in Profusion!

    Moreover,
flare of the high floes...
       & so it is

              THE SUN ITSELF!

3

Diene der Menschheit;
schmeichle der Sonne nicht!

    Schattenhaft.
diese Kiesel & Blaue, auch
Schemen der Birken...

Jedesmal
wenn die Silbe sich regt,
    tanzt die Forelle!

Auch
    Halm, Zitterndes
    harrt im Revier.

                Durch Pinien um 5:
                SONNENAUFGANG!

                        Frische Magnolien . Ein neues Gedicht
                            Gesänge zum Überfluss!

    Überdies,
die Weissglut der Berge,
       ja,

                DIE SONNE SELBST!

4 NOCTURNE

His
very own
swiftness in repose -

   Feather of Light,
                        the rain
  of the same sea, the

       moon-pared leaves
 - thin leaves -

      red,
nightwalk berries.

4 NOCTURNE

Sein
sehr eigenes
Geschick in Verwahr-

   Feder aus Licht,
                   Regen
   raum- & zeitloser See, die

        mond-span Blätter,
    fein, durchsichtig -

       rote,
   nacht-rote Beeren!

5

The flute has burnt me,
& and an empty dress

I've tasted. Felt sleep
between my fingers -
     bitter, orange rind.

Far from it.
Passed my time

in fragile substance
by the light

of fictions.

     Stars... (no thought),

low branch sweeping.

5

Nach der Pfeife tanzt ich.
Ein hohles Kleid

hat mich versucht. Spürt Schlaf
den Fingern nah -
    Orangenhaut, ganz bitter.

Weitab.
Ich weilte

in bedenklicher Substanz,
bei Schein

& Fabelhaftem.

    Sterne...(kein Gedanke),
    tiefes

Schweifen eines Zweigs.

6

    Flesh, carved
& formed.

    Stone-flesh
& sweet flesh, salted.

    Tree-bone
& pin-leafed feathers.

    Brush
cross-canvas, weaving

    flowers, mirth
or strands of hair...

Old hair & young hair.
Hair of lowers, flowing!

The short hair of the leopard.
    Mane of lion!

    Horsehair,
    braid with aspen!

6

Fleisch, geschnitzt
& firm.

Steinfleisch
& Süssfleisch, Geselchtes.

Baummark
& Nadelblatt, Federn.

Pinsel
auf Leinwand, weben

Blumen, Heitres,
auch Strähnen...

Weisshaar & auch junges Haar.
Haarflut des Honigpaars!

Des Leoparden Kurzhaar.
Löwenmähne!

Rosshaar,
Espen, Jungfernkränze!

:Powers of Forest!
Wraiths of Mountain!
                Speech of Creeks!

The muley at the salt-lick
pricks his ear:

   "...Powers of Forest
    ...Wraiths of Moutain!
                Speech of Creeks!"

:Gewaltige Wälder!
Äther der Gipfel!
        Sprache der Bäche!

Der Hirsch am Salzstock
spitzt das Ohr:

"...*Gewaltige Wälder!*
...*Äther der Gipfel!*
        Sprache der Bäche!

7 UCLUELET

formerly EYES
& WALKING-LEAVES...

We drive DEATH
to this place.

Pick up FEAR
at the point.

Letting LOVE off
in an old woman's canoe,

FORMERLY WAVES
lap at the landing.

DAWN stands waist-deep
by the pier.

At the NEON
the grain's cold-blue.

We wither among the old stakes,
breathing *totems*.

7 UCLUELET

ehemals AUGEN
& WANDERBLÄTTER...

Wir bringen TOD
an diesen Ort.

ANGST holen wir
von der Zunge.

Die LIEBE verabschieden wir.
Sie zieht fort im Boot einer alten Frau.

EHEMALS WOGEN
lecken den Steg.

MORGEN
steht hüfthoch im Wasser.

Kaltblau
ist das Raster im NEON.

Wir verwittern.   Zwischen alten Pfählen
- ein Hauch von *Totem*.

8

   As if
I couldn't remember the rain.
  Or
    trembling into the night...

              rifts of the dove-winged, stains
                   of light.

  Palm
to the fingers,
        half-bent
          & opening...

              A star's tear
                through the pane
         driven upward!

A base wind.

In our dreams'
          dead galopp
  we stop for milk
at the only tavern.

              A troll
              hobbles our dark
                   horses.

8

Als könnte
ich mich des Regens nicht erinnern.
Des
Zitterns bis spät in die Nacht...

    Sprünge aus Taubenflügen, Lichts
    dunkle Flecken.

Aus der Handfläche,

          gelassene
              Äußerung der Finger...

                  Sternenträne
                  hinter Glas
        aufwärts treibend!

Ein schlimmer Wind.

Im
    vollen Galopp unserer Träume
      sitzen wir ab & trinken Milch
in der einzigen Schenke weit & breit.

                Ein Erdmann
          versorgt unsere Rappen.

9 A TIME TO SLEEP

Esther says,
   the sheep aren't shorn till spring.
Esther says,
   the sheep won't be shorn till then.
Yet I have seen them
sheer sheep ad odd times.

What does this mean? & who
   is Esther?

Pastures gather the snow
& the powder is damp.
   The posts
   won't fire at you
            but the dead
                        barbs go

         between them,
marking the boundary.

   & you walk
   wiring rust to itself,
            corroding your monologue,

& you carry words in your body,
which when you voice them,
                        swath into breath
                        & shiftlessly
dissolve into borderlessness.

9 TAGELIED

Esther sagt,
   vor Frühjahr werden keine Schafe geschoren.
Esther sagt,
   vordem bleiben sie ungeschoren.
& doch sah ich auch
vereinzeltes Scheren von Schafen.

Was soll das bedeuten? & wer
   ist Esther?

Weiden lesen den Schnee
& das Pulver ist feucht.
   Die Posten
   werden nicht auf dich schiessen
        aber die toten
                Stacheln laufen

       zwischen ihnen,
die Grenze bezeichnend.

  & du gehst,
     Draht der sich Rost zugezogen,
         verfressen in Selbstgesprächen,

& du trägst Worte im Leib,
die wenn du sie anstimmst,
               kraftlos treiben...
               ein Hauch
der grenzlos weht.

      Tonight will be flowers,
    despite the off-season.
        Tonight will be possible,
          clean
           as a page

        or a wall
washed with patience.

        Delight now
         the virgin hoarfrost
by not
looking back.
           Float
                these invisible tracks
       on the grass,
              over
                    the grainy land,

    whose oceans
    drew the first fleece.
& you,
   my young one,
              shot the sun!

        ...si on chante
                 " de quel age
                        es-tu ?

                 " sautais aux yeux
                 "   pas vu ...

Zum Abend gibts Blumen,
& das trotz dieser Unzeit.
   Die Nacht
      gefällt sich im Weiss
      des Vakats

     oder dem einer Wand
die Geduld hat getüncht.

     Entzücke nun
     die Jungfrau Reif

& schau
dich nicht um.
     Es führt
        eine blinde
           Fährte durch Gras,
            über
              das körnige Land,

dessen Ozeane
die ersten Schafwölkchen schöpften.
& du,
  mein Junge,
     peiltest die Sonne an!

    ...si on chante
        " de quel age
          es-tu ?

       " sautais aux yeux
       "   pas vu ...

The wire taut
   & the wire sings
              of a swish-a-leaf,
   wreath's rustling.

The light-footed lamb,
   lone in its breath,
      (dwarfed by a flight of reeds),
muzzles the star
of a snow-flake.

   From the glaze
        branches wet-black
           run to the thicket browns,
              to frail

                construct origamis
sent by the Fixer of Grasses.

& you can hear Esther's voice,
   & the clinking noise of the chain,

        "   it is time to eat
        "   it is time to kill
        "   it is time to sleep,

& the clinking noise of the chain.
   & the clinking noise of the chain undone,

        "   in whose ears
        "   will the gray
           "   throw his hooves ?

Draht so straff
　er singt
　　　vom Sauseblatt,
　rauschender Ringel,

Das flinkfüssige Lamm,
　einsam im Hauch.
　　　(ein Zwerg unter ansehnlichem Schilf),
stupst
einer Schneeflocke Stern.

In der Glasur
　　laufen nass-schwarze Zweige
　　　　zu dünnen

　　　　Origami Gefügen
　　in fahl-braunem Gestrüpp,
　　　　　　geschickt
vom Festiger der Gräser.

& du hörst Esther's Stimme.
　das Klingeln der Kette,

　　　"　　　komm rein zum Essen
　　　"　　　komm rein zum Schlachten
　　　"　　　komm rein für die Nacht.

& das Klingeln der Kette.
　& das Klingeln der Kette, jetzt offen,

　　　"　　　in wessen Gehör
　　　"　　　verhallt
　　　"　　　der Hufschlag des Grauen ?

10

Former lives,
as seen from the broken headlands,
      heard & inhaled.
              Perceived

      scents over driftwood, stones...
        A clear
      morning air,
          pregnant with buds.

                The sun,
still white over tumbleweeds,
        hunts in the grass
        all manner of news,

        measure of feet
                to the toes'
    dulcet & beading.
           Sword's leaf
a sharp
      brocade
    of clear hive.

            Cast
    mould for mould
      into the sands'
          soft patience.
        Light's
              shot silk
  tracing a single arch.

10

Ehemalige Wesen,
betrachtet aus der Kopflosigkeit der Massive,
    erlauscht & eratmet.
                Witterung

    über Treibholz, Kiesel...
    Klare
    Morgenluft,
        schwanger mit Knospe.

                      Die Sonne,
weiss noch, auf Wollgras,
        auf Pirsch
        nach allem was neu ist,

        dem Metrum des Fusses,
                    der Zehen
    ros-blau,
erlesener Frische.
              Schwert's Blatt
    ein starker
        Zopf
        klarer Waben.

Form über Form.
    Guss in des Sands
                weiche Geduld.
            Lichts
                  Brokatelle
versucht einen einzigen Bogen.

        PHANTASTES,
                  these
run hand in hand;
    & having been children
will play.

  & crossing the spotted shades
     they bear little weight toward the bower,
the concealment
of shores.

                 Crane's
            hump-backed perch
       amid furry towers
                 sways checked
by some graces'
grisaille.

    Past lives
    but for a moment's presence,
         what bright visitations!
    A whole host of barcerole mind
         weaving these bodies!

                      I envision
                        maps,

      streams.
          crisp rivulets,
  liquid fans out of watersheds laundered,
              grades
funneling to converge in deep pools,

  sunderling limbs at loggerheads,
    engaging moraines at the rock-well!

PHANTASTES
sie laufen Hand in Hand;
   & da sie auch Kinder waren,
wollen sie spielen.

  & wenn sie die Flecken der Schatten kreuzen,
     tragen sie wider Lauben wenig Gewicht,
wider verstohlene
Ufer.

                Kranichs
            bucklige Warte
      unter bärtigen Türmen
                       wiegt sich beschieden
der Graumalerei
mehrerer Grazien.

    Wesen aus der Vergangenheit
    präsent nur im Augenblick,
        welch helle Erscheinung!
    Ein ganzes Gefolge fahrender Seelen
        wogt in diesen Körpern!

                Karten
            sehe ich ein,

    Ströme,
        Bäche klar,
fliessende Fächer aus Wasserscheiden,
              Furchen, Stiege,
die konvergieren in untiefem Fels,

  Quader... Bruchholz, verkeilt,
    wuchten Moränen vom Quellstein!

in tempering blade & broadhead
    he tames fire's tongues.

        Tiny
        blue
        flame*
            near still
            at centre -
                'tooling an imago'

& middle-aged now,
with encroachment of the buzz-sawed & wily,
    & having no leverage there, no
        relevant means,

        nor any
        marketable resource,

    that he heads his own expedition,
        horseless & dogless, bent
        to the pack,

            & upstream
mountains obstruct every effort,
        & even

                mastery
is reduced to chance.

Durch Vergütung von Eisen
              (Schwert, Pfeilspitzen)
   zähmt er das Feuer.

      Blaues
      Flämmchen*
          mittig,
          fast still –

                    'Schmieden eines Imago'

& nun mittleren Alters,
im Griff der Verschläger, ohne
          entsprechende Mittel, bar

      jeglichen
      gängigen Stoffs,

         seine eigene Expedition anzuführen,
              weder Hund noch Sattel,
            trägerlos,

           & flussauf
behindert Firnschnee den Gang,
      & sogar

      Meisterschaft, auf Zeit,
geht an Spott nicht vorbei.

What moves
so that lives upon lives are forgiven?
What moves
is an absence which makes the heart grow.

In this
kings slave in a castling
      which is not theirs...

      where the lone man
      belongs to his cairn,
            stone over stone,
                grass for a pleasure,

   as well as
   the falcon's
            white searing

                  . . . .

Was bewegt uns
zur Vergebung unzähliger Leben?
Was uns bewegt
ist eine Abwesenheit die dem Herz zuwächst.

In ihm sind Könige Sklaven
    einer veräusserten Spielart...

        der einzelne hörig Steinen,
           errichtet
              Gräsern zur Freude,

wie der
des Falken,
    Licht & Schnee

        · · · ·.. · · ·

Friedrich Schulte zur Haide

"IDEA HEISST FORM"

inneneinrichtung 1, druckgraphische Abnahme von Aquarell

Landschaft mit Sarkophag, druckgraphische Abnahme von Aquarell

Sisyphus, druckgraphische Abnahme von Aquarell

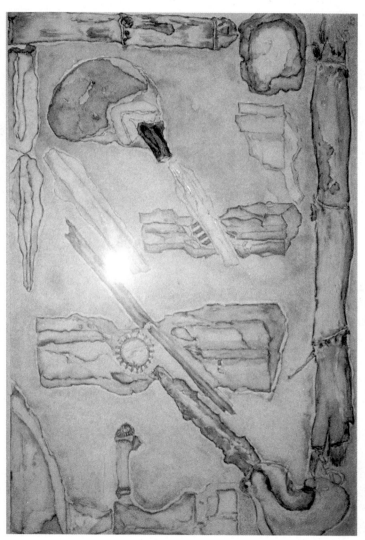

Fundstücke: Bodensee, druckgraphische Abnahme von Aquarell

Essay

Hans Echterbecker / FREUDE UND WISSEN

Nichts ist bekömmlicher, als das zu suchen
und zu verwirklichen, was uns gefällt...

Persönliche Erfahrungen, besonders solche, die uns zum Schreiben bewegen, bestehen auf Präzision. Und doch meine ich, geht es in der Literatur weniger um Objektivität und Integrität der Empfindungen, sondern eher um deren Wert und Zugänglichkeit. Es sind, für mich, die LATENTEN Eigenschaften von 'Wahrheit', die die Lyrik ausmachen. Vergleiche Rodolfo Agricola (Ms. ca. 1500):

UT DOCEAT, UT MOVEAT, UT DELECTET,
zu lehren, zu regen, zu entzücken.

Wenn aus Erfahrung und Praxis (Lesen, Zuhören, Schreiben) verschiedene Wege und Richtungen sichtbar werden, wenn wir versuchen, diese Wege offenzuhalten, sie gangbar machen, so sollte uns dies einige Aufmerksamkeit und Energie abfordern. Die Frage, auf was wir unser Augenmerk richten, wie wir unsere Kräfte zweckmäßig einsetzen können, hängt naturgemäß nicht nur von uns, sondern auch von der Beschaffenheit der Landschaft, des Bodens, von Fauna, klimatischen Bedingungen, Jahreszeit usw. ab. All diese Dinge haben Einfluß auf Arbeitsweisen und -rhythmen.

Je besser wir uns bewegen, desto flüssiger der Rhythmus. Es entsteht eine Harmonie zwischen dem, was ich FELD und GANGART nenne. Je weiter die Strecke, desto größer der Überblick, desto ersichtlicher die Gesetze oder Regeln, die dieser Bewegung zugrunde liegen.

Je klarer die Grundsätze, desto sicherer die Methode. Je interessanter und erfinderischer die Methode, desto schwieriger wird es, sie zu vermitteln, zugänglich zu machen.

Eine andere ganz besondere Schwierigkeit sind Anfangsprobleme. Erste Schritte sind oft zaghaft und unsicher. Wie kann man mit Überzeugung handeln und sprechen, wenn es keine Anhaltspunkte gibt, wenn alles möglich und doch nichts sicher ist? Wie können wir uns auf das Abenteuer des Schreibens einlassen, wenn uns der Zeitgeist nichts als anhaltlose Originalität abverlangt?

Ich glaube, dies ist nicht nur ein literarisches Phänomen, sondern vielmehr ein sehr konkretes existenzielles mit absehbaren Folgen. Wenn die Furcht um Verlust von Ich-Identität jedes Selbstvertrauen ersetzt, wird kreatives Handeln unmöglich. Es ist, meines Erachtens, gerade das Bestehen auf Originalität und einen 'eigenen Stil', das uns an der wirklichen Arbeit hindert.

Tatsache ist, daß wir nicht in einem Vakuum existieren, geschweige denn, aus dem Vakuum agieren können. Es liegt also nahe, daß wir Beziehungen suchen und finden müssen, daß wir versuchen müssen, Brücken zu schlagen, und das in alle Richtungen. Wir müssen wieder und vielleicht neu erlernen zu sprechen, nicht allein um unserer eigenen Zeit gerecht zu werden, sondern auch um gefährdetes Sprachgut lebendig erhalten zu können, Herkunft und Tradition zu wahren. Es ist eine Sache, Konventionen zu brechen, aber eine ganz andere, wurzellos oder unverpflanzt zu verwehen.

Vielleicht sollten wir uns vor Augen führen, wie unsinnig diese Vorstellung von Originalität wirklich ist, wenn wir sie konsequent durchkomponierten - ein schmerzhaftes Experiment, das sich zwangsläufig und zusammenhangslos in Sprachfetzen auflösen würde.

Es sind aber gerade Zusammenhänge, die Sprache verbindlich machen, ja, die sie verursachen. Da, wo sie klar ist, offenbaren sich Eigenschaften und Gesetzmäßigkeiten, die sich durch Aufmerksamkeit und Übung erkennen und anwenden lassen.

Das Schreibhandwerk stellt keine besonderen Schulen zur Verfügung. Es ist ein autodidaktisches Unterfangen und ein einsamer Beruf. Je ernsthafter die Arbeit, desto geringer die Förderung. Tatsächlich arbeiten 'normale' Menschen für ihren Lebensunterhalt, während wir unseren Unterhalt erst verdienen müssen, um arbeiten zu können. Und doch schreiben wir und fahren fort zu schreiben, entgegen allen Nachteilen und Ungleichheiten. Warum?

Es kann wohl nur eine Antwort geben...
Weil wir die Befriedigung und die Freuden, die wir aus der Literatur beziehen, höher schätzen als materiellen Wohlstand und soziale Sicherheit.

Es gibt Leute, die das Drama dieser Situation als besonders fruchtbar erachten, die tatsächlich glauben, daß menschliche Not der Literatur und Kunst zuträglich sei. Ich halte das für eine äußerst perverse Ansicht. Wenn wir einen Teil unserer Aufgabe darin sehen, unser Dasein bewußt zu gestalten, es um ein kleines zu bereichern oder einfach erträglicher zu machen, dann soll dies doch sicherlich nicht von der Lautstärke oder der Häufigkeit unserer Schreie abhängig sein.

Wohl aber kann ich mir vorstellen, daß das tägliche Leben auch ohne Zufuhr überflüssigen Leids hinreichend Stoff bietet, um daraus Gedichte, Lieder oder Bilder zu machen. Ein feiner Sinn und ein waches Bewußtsein wachsen aus Aufmerksamkeit und Erfahrung und reifen proportional zu Interesse wie mit Praxis und Übung. Geißelungen oder Selbstgeißelungen sind dafür nicht erforderlich. Eine regelmäßige Ernährung und ein halbwegs stabiles Dach über dem Kopf erscheinen mir dagegen wesentlich.

Nur wenn diese bescheidenen Bedingungen geschaffen sind, können ernsthafte Arbeiten entstehen. Populäre Vorstellungen vom Schreiben von Literatur, besonders in bezug auf 'Poesie' und 'Inspiration', sind oft so uninformiert, daß sie dem gutgläubigen Anfänger die ersten Schritte soweit erschweren, bis an eine Fortbewegung überhaupt nicht mehr zu denken ist.

Es sind dies sehr zähe und standhafte Formen von Aberglaube, dem eine grundsätzlich falsche, wenn auch volkstümliche Einstellung zugrunde liegt: Daß das Dichten und Schreiben von Prosa kein Handwerk ist, dem gewisse Kenntnisse und Gesetze zugehören, das also erlernbar ist, sondern eher eine Art Schlafwandlung oder Anämie.

Die Abwesenheit von Faustregeln in der Kunst scheint dies zu bestätigen. Aber ein Maler nutzt seine Augen, vergleicht Objekte, Lichtverhältnisse usw.. Er bezieht seine Kenntnisse weder aus der Tube noch aus der Anzahl vorgegebener Nomenklaturen.

Prosa wie Lyrik sind sprachliche Annäherungen an die Musik. Seit der Erfindung der Buchpresse und der Schreibmaschine existieren sie auch in einiger Entfernung..

Das primäre und verbindende Element ist Rhythmus. Der Rhythmus einer Prosa- oder Gedichtzeile ist an der Anzahl und Dauer von Vokalen erkennbar. Harmonie und Variation wechseln einander ab. Es entstehen Klangverhältnisse, die Spannungen verursachen und, über die Druckerschwärze der Buchstaben hinaus, Energien freisetzen, die das Gedicht ausmachen.

Diese Energien haben wunderbare latente Eigenschaften, das heißt, sie sind nicht nur (durch lautes Lesen oder Vortragen) wahrnehmbar, sondern verbreiten auch Freude und Wissen.

Die besten Übungen sind Zuhören und Lesen, Lesen aller Art; Prosa für Technik und Klarheit, Lyrik für Auslese, in VERDICHTUNG dessen, was uns gefällt. Für den Dichter ist früher oder später eine gewisse Spezialisierung nützlich, eine Konzentration auf das Besondere, das er sich wählt. Es kommt nicht darauf an, sich mit möglichst vielen Werken zu beschäftigen, sondern darauf, Beispielhaftes und Bewundernswertes minuziös und eingehend zu durchleuchten,... Bezug zu nehmen auf das, was bisher erreicht worden ist.

Christiane Englitz / KOPFMORDE

1 sein süßes geheimnis

die kundin vor ihm trug ein dunkelblaues baumwollkleid. ihre welligen haare waren von unnatürlich orange leuchtendem blond. der aggressive farbton wurde durch die wechselwirkung der spiegel und glasflächen verstärkt. er starrte auf die grellblonden wellen. die korpulente frau bewegte den kopf. mit wachsendem unbehagen nahm er die lichtreflexe auf ihrem haar wahr.
jetzt - die frau wurde bedient - unterstrich sie ihre wünsche durch lebhaftes hin- und herbewegen des kopfes. die schlangennester formierten sich in immer neuen windungen.
sein blick wanderte abwärts. von dem wellengekringel zu dem rechteckigen ausschnitt des grobgewebten sommerkleides. dieser ausschnitt, verfärbt von schweiß, entblößte einen fleckig gebräunten nacken, der von einem höckerigen fettwulst in der mitte verunziert wurde. gegen seinen willen konzentrierte sich seine volle aufmerksamkeit auf das ungewöhnlich stark ausgeprägte fettpolster, über dem die lockenden mehr orange als blond tanzten.
die poren deutlich größer als auf der angrenzenden schulter- und nackenpartie. aus den größten im zentrum des höckers ragten einzelne dunkle haare.
er atmete den säuerlichen schweiß der hektik.
seine augenlider flatterten.
wespen krochen auf den buntglasierten kuchenstücken. schweinsöhrchen, bienenstich und ochsenaugen mit einem muster in gelbschwarz. der kontinuierlich anhaltende sirrton malte böse musik.
die bedienung raschelte mit dem papier.
die frau beugte sich nach vorne, um aus ihrer geldbörse münzen herauszukramen. sie offenbarte den feisten nacken in seiner ganzen monströsen häßlichkeit.
das atmen schmerzte ihn.
sein blickfeld war eingeschränkt auf den abstrusen teil körper vor ihm.
er registrierte, wie sein schweiß in kleinen rinnsalen den brustkorb hinunterlief, sich über dem hosenbund sammelte.
sein mund war trocken. er schluckte.
er rieb sich den hals, den nacken.
seine großmutter. sie zerteilte vor ihrem gewaltigen busen die frischen brotlaibe in noch dampfende scheiben. die kinder nahmen aus ihrer hand, die noch das messer hielt. wie geschickt sie damit umzugehen wußte. und welchen respekt - den

allergrößten respekt - er als kind davor gehabt hatte.
das messer. er setzte es an.
erst schälte er mit leichter drehung zwei außenlappen frei. dann höhlte er durch eine volle drehung den höcker aus.
ruhig und kühl ging er vor.
löste ihn vom körper ab.
perfekt.
er hatte sie von dem unnützen und entstellenden gebilde er-löst.
sie würde sich bestimmt sofort eine kurzhaarfrisur zulegen.
das werkzeug seines genialen manövers hielt er noch in der hand.
er lachte selbstgefällig. erschöpft.
die frau drehte sich um. über dem kuchenpaket zweimal blaßgrüne iris.
empörung. ihre pupillen weiteten sich. die empörung wich eindeutiger angst.
er trat lächelnd einen schritt zurück. gab ihr den weg frei.
sie dankte mit schmalem mund.
er sah ihr nach. ohne ihre überraschend schlanken beine unter dem schwingenden rock wahrzunehmen.
er sah auf den höcker.

3 die mathe-null

er schlich zu seinem platz zurück. sah keinen an. streber-frank gab wie immer gehässige kommentare ab. ein paar lachten.
er haßte mathe. war auf fünf geparkt.
er ließ sich auf den stuhl fallen.
seine eltern hatten es aufgegeben, ihm durch teure nachhilfestunden auf die sprünge zu helfen. innerhalb eines halben schuljahres hatte er 4 nachhilfelehrer zerschlissen, die ihm übereinstimmend die hoffnungslosigkeit seines falls bestätigt hatten.
den rest der stunde verbrachte er damit, aus dem fenster zu sehen. er ignorierte den unterricht. ignorierte frau müller-rodenfels. auch den eintrag ins klassenbuch wegen arbeitsverweigerung.
irgendwann wurde es 13.15 uhr. er schmiß die bücher in die tasche. war als erster draußen.
nach hause wollte er nicht. seine mutter mit ihren besorgten fragen. nein danke.
er fuhr auf dem mofa in die stadt. im kaufhof sah er sich in der cd-abteilung um. kaufen konnte er nichts. er hatte kaum geld bei sich. er ließ sich eindudeln, betrachtete die cover.
draußen kettete er das mofa wieder ab. schob es ein stück. die verhaßte stimme. mit eiserner faust schlug ihm die matheniederlage in den magen.
frau müller-rodenfels. im gespräch mit einer anderen frau. nur durch büsche abgetrennt auf dem pkw-parkplatz.
er stand gebückt. unfähig, sich aufzurichten. geduckt unter der last der durch sie auferlegten demütigung. bloßstellungen. ihm war schwindlig.
und dann auch noch mutter zu hause. mit ihrem leidensblick. es kotzte ihn an.
er packte das mofa. schob es durch den engen durchlaß auf den parkplatz nebenan.
sie stand mit dem rücken zu ihm. in ihrem altmodischen dicken mantel, den sie ungeachtet der jahreszeit immer trug. in ihren derben schuhen mit den dicken kreppsohlen.
die andere stand ihm zugewandt. jünger.
noch ein paar schritte nähergekommen, korrigierte er den eindruck. jünger war sie nicht. bedeutend chicker. sie trug ein lila kostüm. hatte kurzgeschnittene blonde haare. er fischte die zigaretten aus der jeansjacke. zündete sich eine an. seine hände zitterten. er inhalierte gierig.
....."da setzt sich dieser kerl hin. macht nicht mehr mit. schaut aus dem fenster. was sagst du dazu?", hörte er frau müller-rodenfels zetern.
die lilane zuckte mit den schultern. "ach roswitha, du nimmst das alles zu persönlich." sie lächelte.

er zertrat die halbgerauchte zigarette. zündete sich sofort die nächste an. das päckchen war leer. er warf es in einen in der nähe deponierten mülleimer.
die im lila kostüm musterte ihn kurz aus den augenwinkeln. er stippte das wenige an asche ab. mußte husten. wieder ein kurzer seitenblick der lilanen.
er hörte ein schluchzen. ungläubig. frau müller rodenfels in tränen aufgelöst.
er warf die zigarette weg. seine finger krallten sich um den lenker.
er wollte weg. wie sie sich aufführte. so ein theater. diese blöde alte schachtel. er hatte die schnauze endgültig voll für heute.
er stand immer noch. die frauen verabschiedeten sich. seine lehrerin putzte sich geräuschvoll die nase. die im kostüm stieg in einen schwarzen sportwagen. sie fuhr winkend ab. sein herz hämmerte in wilder vorfreude.
sie litt. gut. sie sollte noch mehr leiden.
er stand neben ihr. sie hatte gerade die fahrertür zuwerfen wollen.
sie sah von unten her zu ihm auf. ihre augen waren noch gerötet. ihr blick war groß und erstaunt. nicht unfreundlich. er lächelte auf sie herab.
sie sagte nichts. ihr augenausdruck wechselte eine spur ins unwirsche.
er grinste sie an. das mofa zwischen die beine geklemmt. die hände in den hosentaschen.
jetzt starrte sie ihn an. ihr unterkiefer begann zu zittern. und auch ihre hand, die schon auf dem steuer lag.
schließlich senkte sie den blick. die türe war immer noch geöffnet.
seine erinnerung schlug das buch mit den logarithmentafeln auf, wendete seite um seite. sein geist war klar über der brodelnden wut. kalte belustigung und ein völlig unbekanntes gefühl der macht rissen einen schleier weg. er las die tabellenkolonnen. leicht. mühelos.
ihr gesicht war kalkweiß.
er öffnete den mund. rasselte eine aufgabe herunter. als wären zahlen seine welt.
er sah auf die armbanduhr. "sie haben eine minute zeit für die lösung." der sekundenzeiger raste.
ihre ringe klapperten auf dem lenkrad.
sie öffnete den mund. ein dünner speichelfaden lief über ihr kinn.
"noch eine halbe minute."
sie gab einen kleinen japsenden laut von sich. ließ die fahrertür los. mit dumpfem geräusch schlug sie gegen sein mofa.
"noch eine viertelminute. dann schlage ich ihnen den schädel ein."
sie fiel vornüber gegen das lenkrad. sie wehrte sich nicht. sie schrie nicht um hilfe.
das machte ihn rasend.
er griff mit beiden händen in ihr graublondes haar. riß ihren schädel nach hinten.

sah in ihr wächsernes gesicht. ihre augen waren geschlossen. eine totenmaske. die adern zeichneten sich lila auf den liddeckeln ab.
er schlug ihren schädel mit aller wucht gegen den lenker. wieder und wieder. ihren puppenhaften körper. blut. rotes muster auf seinen händen.
sie hatte nicht einmal eine antwort versucht. sie, die kluge mathelehrerin.
blut spritzte an die windschutzscheibe. und auch etwas graugelbliches.
der schmuddelige mop ihrer graublonden haare klatschte vor und zurück.
eine hand an seiner jacke.
er sah in ihre blaßbewimperten augen. auf die tiefen kerben um ihren altweibermund.
ihre stimme war mütterlich.
er riß sich los.
sie rief ihm irgendetwas nach.
er war ausgelaugt. wie nach ungewohnt schwerer körperlicher arbeit.

Annemarie Fehlberg / SKETCH

Frau Freeske rezitiert: *"Die Menschheit wird erst glücklich sein, wenn alle Menschen Künstlerseelen haben werden, das heißt, wenn allen ihre Arbeit Freude macht."* Auguste Rodin

Frau Schrugel steht auf: "Liebe Frau Freeske! Im Namen aller möchte ich mich bei Ihnen für die gelungene Vorstellung, die schöne Stunde und die Freude bedanken, die Sie uns allen damit bereitet haben. Vielen Dank!"

    Schrugels Leute klatschen

Frau Freeske: "Die Freude liegt ganz auf unserer Seite und ich bedanke mich für Ihre Aufmerksamkeit. Vielen Dank!"

    Alle wollen gehen

Frau Schrugel: "Wir freuen uns jedesmal, Ihnen unsere Aufmerksamkeit schenken zu dürfen und danken Ihnen für die Mühe und Arbeit, die Sie unseretwegen gehabt haben. Vielen Dank!"

    Schrugels Leute klatschen
    Alle wollen gehen

Frau Freeske: "Unsere Arbeit ist zwar aufwendig, bereitet uns jedoch sehr viel Freude und wir sind immer sehr dankbar, diese Freude an andere Menschen weitergeben zu dürfen. Vielen Dank!"

    Freeskes Leute klatschen
    Alle wollen gehen

Frau Schrugel: "Ich kann im Namen aller behaupten, daß wir die Freude, die Sie für Ihre Arbeit empfinden, gespürt haben und wir Ihnen sehr dankbar sind. Vielen Dank!"

    Schrugels Leute klatschen
    Alle wollen gehen

Frau Freeske: "Der Dank ist die Aufgabe desjenigen, der etwas gegeben hat, und nicht desjenigen, der etwas empfängt. Die Freude darüber, etwas geben zu dürfen, erfüllt uns mit größter Dankbarkeit und..."

Frau Schrugel: "Da bin ich nicht ganz Ihrer Meinung. Das Empfangen verpflichtet zu Dankbarkeit..."

Frau Freeske: "Dankbarkeit ist wohl kaum mit dem Wort 'Pflicht' zu verbinden..."

Frau Schrugel: "Wer seine Pflicht nicht tut..."

Frau Freeske: "Die Pflicht ist der Feind der Freude und Dankbarkeit; und ich bin der Meinung..."

Frau Schrugel: "Wir alle müssen froh und dankbar sein, unsere Pflicht tun zu dürfen und..."

Frau Freeske: "Ich für meine Person bin froh und dankbar, meine Arbeit nicht als Pflichtübung zu empfinden, zumal..."

Frau Schrugel: "Wo kommen wir denn da hin, wenn niemand mehr seine Arbeit als Pflicht auffaßt, denn..."

Frau Freeske: "Zu mehr Freude, - und Dankbarkeit!"

Bettina Hohmann / SIEBEN GEDICHTE

EIN HERZ

Ein Herz als Sinnbild
für die Liebe zu malen.
ist out.

So sieht man immer öfter
nackte Buchstaben
an Bäumen, Türen, Wänden

und viele suchen ein neues
Sinnbild für die Liebe.

Malt einen Irrgarten,
ein Labyrinth drumherum,
das trifft die Sache besser.

SIE KOMMEN

Sie kommen,
von allen Seiten,
aus allen Ecken,

sie gehen,
sie laufen,
einige schleichen auch,

aber, sie kommen.

Aus sicherem Versteck
beobachtest Du ihre
Ankunft.
Du fragst dich wer
sie sind, aber eigentlich
weißt Du es schon lange,
sie kommen.

Es sind einfach zu viele,
als daß Du sie aufhalten
könntest.

AUFTRITT

Gut spielst du deine Rolle,
jeder Satz bis ins Detail
ausgearbeitet.
Jede deiner Gesten ist
glaubwürdig
und deine Mimik läßt erkennen,
daß du deine Show hervorragend
geprobt hast.

Doch irgendwann verläßt auch
du die große Bühne,
und dann wird sich zeigen,
ob du ohne dieses Theater
auch leben kannst.

FÜR M

Sitz hier nicht rum und warte,
bis jemand kommt.

Es hilft Dir niemand, der sich keinen
Vorteil davon verspricht.

Also steh auf, wisch die Tränen ab

        und *tu was.*

DIE RUHELOSEN SEELEN

Die ruhelosen Seelen, eigenartige Geschöpfe
sind sie, still, heimlich und lauernd.
Und nur wer ganz, ganz leise ist,
kann feststellen, ob auch er von
so einem mysteriösen Wesen bewohnt ist.
Ist eine solche ruhelose Seele erst
einmal gefunden, wird man sie nicht
so leicht wieder los.

Dann beginnt sie Ansprüche an den Menschen
zu stellen, den sie bewohnt, erwartet,
daß er sich mit ihr einläßt.

Denn so ohne weiteres sind die Seelen
nicht bereit, ihre jeweiligen Träger
in der Ewigkeit zu vertreten.

Sie wollen teilhaben am Leben,
jetzt und hier und nicht nur Alibi sein
für das Danach.

ZEITREICH

Und wieder bin ich ein Dieb,
stehle mir Zeit.

Der Tag ist zu aufmerksam und
läßt sich nicht betrügen,
nicht um eine Minute.

Aber die Nacht, sternenlos und
blind, merkt nicht, wenn ich sie
bestehle um Minuten, manchmal um
Stunden, Stunden für mich.

Zufrieden über meinen großen Coup,
die Beute sorgsam versteckt, lege
ich mich schlafen und träume davon,
König der Zeit zu sein.

AKROBAT SCHÖN

Und wieder tritt der Clown auf die Bühne,
mühsam seine Falten und Sorgen überschminkt.

Er tritt vor sein Publikum, heute, nur ein
einziges Mal, wird er von sich erzählen.
Will sagen, wer er ist, was er denkt,
was er fühlt, wenn er sich verkauft, jeden
Abend.

Er öffnet den Mund, will beginnen, blickt
in das Gesicht eines Kindes.
Sieht in seine Augen, sieht Sehnsucht nach
Fröhlichkeit, die begleitet, länger als nur
einen Tag, tanzende, singende Fröhlichkeit.

Für Sekunden schließt der Clown seine Augen
und sieht den bunten Harlekin auf seinem Bett
im Zirkuswagen sitzen, der jeden Abend mit
großen Augen auf ihn wartet.

Der Clown tritt einen Schritt vor, eine Träne
rollt. Das Publikum klatscht,
er lächelt und flüstert ganz leise:
                                        " Akrobat Schöön".

ENDLOSIGKEITEN IM NARRENKOSTÜM DES AUGENBLICKS

1

Utopia zählt ihre Falten
leise, leise, knacken
das Herz im Minustakt

Zeiten kämpfen in
blutverschmierter Rüstung

Die Erde steht

         knöcheltief

2

Leben gerafft in Zwischenträumen
Auftauchen aus Besinnungslosigkeiten
Fische schwimmen im Wasser
    oder   Vögel?

Dunkel mit leichtgräulichen
Punkten durchsetzt
Für jeden Menschen einen
Stern am Himmel

Schwitzen - frösteln

Schweiß schmeckt immer salzig

3

Ein Schnurren bis zum Hals
Nebel entsteigt eisigen Ufern
Morgentau, Schweiß auf weißer Haut

Asphalt ist immer grau
Der Gesang des Windes
verzerrter Schrei im Mittelohr

Sonniges Gestern,
aus lila Knospen
Schmerz geht blutrote Pfade

4

rattenartige Angst
in kleinen Stücken

anschleichen - mehr werden
Überzahl bringt Macht

Feinde sind austauschbar
der Krieg bleibt

5

Schweigen, kein Wort
Gedanken in blau gelb
Friede,   Verwesung in der Luft

Das Salz des Meeres
macht den Tag nicht schmackhafter

6

Blutende Stille

leblose Hirne

keinen Schritt

keinen Atemzug

Morgenwind dampfende Körper

vorwärts dem Nebel entgegen

7

Der Blick trifft,
wie ein Pfeil,

durchbohrt festgeschnürte
Erinnerungspakete.

Blut
    unter den Schuhen.

Erla Hüffmann / FLECKEN AUF DER SEELE

Sehr geehrter Herr Pastor,

ich gehöre zu jener Sorte von Menschen, die nicht wissen, was sie wollen, das heißt, die es nicht wissen dürfen
Aus dem Alter der sexuellen Neugier bin ich heraus. Aber nicht reif genug, um durch meine Liebe zu ihr einem Kurzschluß zum Opfer zu fallen. Zwischen uns ist nie etwas geschehen, da die Natur uns einen bösen Streich gespielt hat. Unsere Liebe ist nicht ertastbar. Denn eines läßt sich nicht ändern, auch nicht verheimlichen. Wir sind Geschwister. Diese Tatsache hat mich an den Rand der Verzweiflung gebracht.
Manchmal finde ich den Mut, mit ihr darüber zu sprechen. Doch ehe ich ein Wort gesagt habe, verurteilen ihre Augen meine Lippen zum Schweigen. Eine stetige Begleiterin unserer Liebe ist die Angst. Angst vor dem Alleinsein. Wir wissen, daß wir uns nicht vergessen dürfen, denn dann könnten wir uns nicht mehr in die Augen sehen. Und das ist das einzige, was uns niemand verbieten kann, an dem niemand Anstoß nehmen darf.
Wie anders hatte ich mir die Liebe vorgestellt! Alles in mir drängt zu ihr. Nichts findet Erfüllung. Für sie nehme ich gern alle Qualen und Entsagungen auf mich, weil ich sehe, wie sie leidet.
Sie ist die Vernünftigere von uns beiden. Diejenige, die mich im richtigen Augenblick zurechtweist. Ja, davor fürchte ich mich, daß sie eines Tages die Kraft dazu nicht mehr hat, da wir dann verloren sind.
Ich schäme mich vor mir selbst, weil ich ein Versager bin. Ich kann mich weder für das eine noch für das andere entscheiden. Das eine, die Bejahung unserer Liebe, wage ich um ihretwillen nicht auszudenken. Das andere, einfach ignorieren, ist nicht möglich, da unsere Liebe weiter wachsen wird, und ich nicht stark genug sein werde, mich zu verweigern.
Was sollen wir tun? Ich spiele mit dem Gedanken, sie zu verlassen. Aber ich weiß, daß ich das nicht fertigbringe. Die Gefahr, ihrer einmal nicht mehr würdig zu sein, wird immer größer.
Bitte helfen Sie mir, ehe es zu spät ist.
      Ihr
Michael W.

Geliebte Freundin,

warum kannst Du mir keine klare Antwort geben? Hat sich Dein Sinn geändert?
Ist es so schwer, ja zu sagen? Oder zweifelst Du an mir?
Meine Brigitte, quäle mich bitte nicht länger. Rufe mich, und ich werde Dich
holen. Ich möchte Dich verwöhnen - mit Blumen, mit Küssen und mit
Zärtlichkeiten.
Wir werden jedes Jahr an die See fahren, weil Du das Wasser so liebst. Und
abends werden wir nebeneinander sitzen und schweigen - so, wie Du es gern hast.
Ach, bitte, laß' mich nicht länger im Ungewissen.
Ich halte es nicht mehr aus ohne Dich.
Ich hätte Lust, alles stehen und liegen zu lassen, um zu Dir zu eilen, Dich zu
umfassen, zu liebkosen. Bitte, schreibe mir, daß ich kommen darf.

        Stets
        Dein Klaus

Sehr geehrter Herr Pastor,

haben Sie vielen Dank für Ihren außerordentlich ehrlichen Brief. Leider kann ich
Ihren Rat nicht befolgen. Wie kann ich Gottes Hilfe erwarten, wenn ich nicht mal
in der Lage bin, ihm zu gehorchen?
Gestern war ich mit meiner Schwester im Theater. Als ich sie während der
Vorstellung ansah, weinte sie. Ich drückte ihre Hand. Durch ihr Taschentuch
fühlte ich den sanften Druck, den sie mir zurückgab. Ich liebe sie. Ich frage mich
dauernd, warum es eine Sünde sein muß.
Nein, verlangen Sie nicht von mir, ihr zu sagen, daß mein Herz einer anderen
Frau gehört. Ich kann es nicht. Sie würde es mir auch nicht abnehmen.
Ich fühle, das Schicksal eilt unausweichlich auf uns zu. Wie kann ich es
aufhalten?

        Ihr
        Michael W.

Meine Brigitte,

ich bete Dich an, geliebte Freundin. Du hast Dir eine neue Bedenkzeit ausgebeten.
Verzeih mir, wenn ich Dich in diesem Punkt nicht verstehen kann.
Du schreibst, daß ich nicht kommen soll. Wie kannst Du das aushalten? Deine

Hand, die sonst so energisch für mich über das Papier flog, scheint unschlüssig geworden zu sein. Zögerst Du? Oder bereust Du etwas? Ich möchte Dich so gern sehen. Du erlaubst es mir nicht. Darüber könnte ich verzweifeln.
Ich sehe uns beide am Meer im Sand liegen. Dein langes Haar kitzelt meine Nase, so daß ich niesen muß. Du lachst darüber. Schon morgen kann sich mein Traum erfüllen. Ich gebe mein Schicksal in Deine Hand.
Bitte, quäle mich nicht länger!

Immer Dein
Klaus

Sehr geehrter Herr Pastor,

ich warte noch auf die Beantwortung meiner letzten Fragen. Sicher sind Sie noch nicht dazu gekommen.
Der Kreis, in dem wir uns bewegen, wird immer enger. Vor einiger Zeit hat sie sich aus Verzweiflung einem Mann zugewandt, der sie sehr liebt. Er ist ihr ein guter Freund geworden. Nun bedrängt er sie, ihm ihr Jawort zu geben. Sie schiebt ihre Antwort von einem Tag auf den anderen. Ich habe nicht die Kraft, ihr zuzureden. Eine geschwisterliche Umarmung wage ich nicht mehr.
Wenn sie mich mit ihren fragenden Augen ansieht, habe ich das Verlangen, sie zu küssen. Sie schüttelt dann stumm mit dem Kopf und spricht von ihrem Freund. Ich hasse ihn! Ja, ich bin eifersüchtig auf ihn.
Vielleicht habe ich kein Recht dazu, aber sie liebt ihn nicht.
Könnte es nicht doch eine Lösung geben?

Ihr
Michael W.

Liebe Brigitte,

Deine Briefe werden immer kürzer und der letzte, den ich eben erhalten habe, weist Tränenspuren auf. Darüber hinaus weichst Du meiner Frage ständig aus, was im Augenblick unwichtig ist, da Du leidest.
Meine Geliebte, was hast Du? Habe ich Dir wehgetan? Habe ich etwas falsch gemacht? Für wen leidest Du? Für mich? Ich sehe da keinen rechten Grund. Oder bist Du krank?
Wie dankbar wäre ich Dir, wenn Du mich daran teilhaben ließest, was Dich so bewegt. Aber Du schweigst wie ein Grab. Habe ich das verdient? Hatten wir uns

nicht versprochen, uns alles zu schreiben? Du scheinst das vergessen zu haben.
Wann darf ich Dich sehen?

Ich liebe Dich.

                Dein Klaus

Sehr geehrter Herr Pastor,

Ihr Urteil ist sehr hart. Glauben Sie mir, ich habe weder das Verlangen, meine Schwester aus ausschweifenden Lustgefühlen heraus lieben zu müssen, noch bin ich ein Besessener, der Gesetze mit aller Gewalt übertreten will.
Vielmehr lebe ich mit der Tatsache, daß ich eine Frau liebe, der ich derartige Empfindungen nicht entgegenbringen dürfte, weil sie meine Schwester ist, die ich aber liebe, weil sie eine Frau ist.
Verstehen Sie mich doch. Ich sehe in ihr eine Frau und nicht unbedingt meine Schwester. Ich begehre sie. Sie wehrt mich zwar ab, doch handelt sie gegen ihre Gefühle.
Wir beide können es nicht mehr aufhalten. Wir müssen - so glaube ich - versuchen, unser Schicksal zu tragen. Mag es auch eine Sünde sein! Ich werde Gottes Strafe erwarten und allein auf mich nehmen.

        Ihr
        Michael W.

Meine Brigitte,

bist Du noch mein?
Seit über einer Woche läßt Du mich jetzt schon ohne eine Nachricht, obwohl ich Dir jeden Tag schreibe.
Wer hat Dich so verändert?
Ich bin kaum fähig, meiner Arbeit nachzugehen. Du hast mir den nächtlichen Schlaf geraubt. Wirre Träume überfallen mich, die ich Dir nicht beschreiben kann.
Willst Du wirklich, daß ich so leide? Ich flehe Dich an, erlöse mich aus meinem grausamen Exil.

            Dein trauriger
            Klaus

Meine Geliebte,

noch immer habe ich keine Nachricht von Dir. Ich kann nicht länger auf Deine Antwort warten. Deshalb werde ich morgen ohne Deine Zustimmung kommen, um Deinem Mund eine Antwort abzuringen.
Geliebte meines Lebens, verzeih mir, wenn ich so ungeduldig bin. Aber ich bin schon fast krank vor Ungewißheit.
Auch drängt es mich, Dich zu umfassen, Deine Nähe mit jeder Faser meines Körpers zu spüren.
Du hast noch einen ganzen Tag Zeit, Deine Antwort zu überdenken. Ich bitte Dich, überlege gut.

                    Bis morgen
                    Dein Klaus

Sehr geehrter Herr Pastor,

über Ihre vernichtenden Ausführungen habe ich lange nachgedacht. Entschuldigen Sie, wenn ich damit nichts anfangen kann.
Heute hat meine Schwester einen Brief von ihrem Freund erhalten. Er schreibt, daß er morgen kommen wird. Was soll werden?
Sie zeigte mir weinend den Brief. Ich habe wieder nicht den Mut gehabt, ihr zuzureden. Wie könnte ich, da ich weiß, was sie wirklich wünscht?
Als ich ihre Tränen fortwischte, hatte ich mehr als jemals zuvor das Verlangen, sie in meine Arme zu schließen - nicht wie ein Bruder. Sie fühlte es und bat mich händeringend starkzubleiben. Statt dessen riß ich sie an mich. Sie weinte sich in meinen Armen aus. Ich habe mitgeweint.
Warum ist die Frau, die ich liebe, meine Schwester?
Ich bin nicht mehr Herr meiner Sinne.

                    Ihr
                    Michael W.

Liebe Brigitte,

als ich gestern bei Dir war, hat mir Deine schlechte Verfassung wahrlich einen Stich versetzt. Heute mache ich mir bittere Vorwürfe, das Ausmaß Deines Kummers nicht eher erkannt zu haben. Wie bist Du nur in diese seelischen Konflikte geraten? Es ist mir unverständlich. Ich möchte gern helfen, aber leider muß ich hinnehmen, daß Du es mir nicht erlaubst.

Du sagst, Du liebst mich. Und doch weißt Du mich lieber weit fort von Dir. Wie ist das zu verstehen?
Ach, verzeih mir. Ich will ja nicht an Deiner Liebe zweifeln. Aber Du hast mich gestern mit Deiner Beharrlichkeit vollkommen durcheinandergebracht. Wehmütig denke ich an die schöne Zeit unserer Liebe zurück. Ich frage mich, wird sie je wiederkommen? Glaubst Du daran?

        Ich denke immerzu an Dich.
        Dein Klaus

P.S.: Gruß an Michael

Sehr geehrter Herr Pastor,

gestern war ihr Freund bei uns. Sie hat ihm wieder keine klare Antwort gegeben. Ich habe noch nie in meinem Leben so gelitten, wie in diesen Stunden, da ich ihn in ihrer Nähe wußte.
Als er wieder fort war, kam der Augenblick, in dem wir Geschwister Farbe bekennen mußten.
Endlich, endlich, haben wir uns ausgesprochen. Es waren Worte ohne Sinn. Aber wir haben wenigstens darüber geredet.
Ich denke, vielleicht gibt es doch einen gangbaren Weg für uns.

        Ihr
        Michael W.

Liebe Brigitte,,

ich habe immer gedacht, Liebe und Vertrauen gehören zusammen. Ist das falsch? Warum darf ich Dir aus Deiner Verzweiflung nicht helfen? Du verschweigst mir etwas. Du kränkst mich damit.
Nein, diesmal werde ich standhaft bleiben. Ich komme nicht eher, bis Du mich rufst.

        Dein
        Klaus

Sehr geehrter Herr Pastor,

es ist passiert. Ich bin an allem schuld. Ich habe sie geküßt, und sie hat meine Küsse erwidert. Was wir taten, geschah ganz von selbst - bis zur letzten Konsequenz.
Damit habe ich sie in große Not gebracht. Wir versuchten, das Geschehene ungeschehen zu machen. Es war nicht möglich.
Ich versprach ihr, für immer zu gehen. Jetzt endlich weiß ich, was ich zu tun habe. Das Feld für einen anderen räumen. Es mußte geschehen, damit er meinen Platz einnehmen kann. Wie weh das tut!
In dem Augenblick der Wahrheit gestand sie mir, daß sie in ihrem Freund immer nur mich gesehen hat.
Wenn er sie also in Zukunft lieben wird - und er wird sie lieben - weiß ich, daß sie in Gedanken bei mir ist. Das ist das einzige, was mir bleibt. Was ihr bleibt, verletzt mich zutiefst. Mein Irrtum, Gottes Strafe allein auf mich nehmen zu können, nagt an meiner Seele.
Irgendwo werde ich eine neue Existenz aufbauen. Und eines habe ich unmöglich gemacht: wir können uns nie wiedersehen, denn ich würde nach mehr verlangen.
Ich danke Ihnen für Ihre gutgemeinten Ratschläge, die ich leider nie verstehen konnte.

        Ihr
        Michael W.

P.S.: Ich darf Sie an Ihre Schweigepflicht erinnern.

Meine innig Geliebte,

Du mein ein und mein alles. Ich wußte, daß Du den rechten Weg finden würdest. Ich danke Dir.
Du hast mich gerufen. Ach, wie dünn und wenig überzeugend dieser Ruf klingt. Was mußt Du durchgemacht haben!
Nun wird alles gut. Oh, wie sehr ich mich auf Dich freue, auf Deine Lippen, auf Deine großen Augen, auf Deine zarten Hände - auf Dich, wie Du leibst und lebst.
Ich möchte am liebsten mit einem Düsenjäger zu Dir fliegen. Jeder Augenblick ohne Dich scheint mir vergeudet. Ich habe Angst, etwas zu versäumen.
Erwarte mich noch heute nacht. Ich bin verrückt vor Freude.

        Für immer
        Dein Klaus

WILLI SCHNEIDER

Typen seinesgleichen machen immer wieder auf sich aufmerksam, geben niemals auf, sorgen für Schlagzeilen in der Presse. So hörte auch ich von ihnen, sie würden sich nicht scheuen, ihr Opfer abhängig, gar hörig zu machen. Ich allerdings schreckte vor nichts zurück, ganz im Gegenteil. Kaum war mein Entschluß gereift, mich mit ihm einzulassen, erwartete ich unser erstes Rendezvous mit Ungeduld.

Dann saßen wir uns gegenüber, Willi und ich. Sein finsterer Blick erschreckte mich. Er dachte gar nicht daran, ein Gespräch zu eröffnen. Vielmehr wirkte er auf mich saft- und kraftlos, ohne jegliche Ausstrahlung. Mit einem verunsicherten Lächeln und einem leichten Antippen seines Körpers durch meinen Zeigefinger trat ich die Flucht nach vorne an. Und siehe da, sein Gesicht erhellte sich, verwandelte sich in ein breites Grinsen.

"Womit wollen wir beginnen? Wähle du", sagte er ebenso bescheiden wie hilflos. So einer, mit Zweifeln und Unentschlossenheit behaftet, hatte mir gerade noch zu meinem Glück gefehlt. Mein Verdacht erhärtete sich: er schien ein gebrochener Mann zu sein, auf alle Fälle nicht der Partner, von dem ich träumte. Was noch schlimmer war, er mußte auf unerklärliche Art und Weise sein Gedächtnis verloren haben. Nichts, aber auch nichts, was für mich wichtig gewesen wäre, befand sich in seinem Kopf. "Zunächst einmal", gab ich ihm zu verstehen, "mußt du wieder schreiben und lesen lernen, damit dein Geist angeregt wird."

Er war einverstanden. Ich ahnte damals nichts von dem Ausmaß wilder Kämpfe, denen ich noch schonungslos ausgeliefert sein sollte.

Ich fing damit an, ihm Texte zu diktieren, erst kurze, dann immer umfangreichere. Einmal Geschriebenes erkannte er sofort wieder, las es mühelos vor und versteckte es sorgfältig in seinem Hirn. Seine außerordentliche Merkfähigkeit versetzte mich in Euphorie, wenn ich einmal von seinem anfänglichen düsterem Blick bei jedem Treff absah. Überhaupt tat er alles nach unumstößlichen Regeln. Sogar unsere Begrüßung unterlag einem festgefügten Ritus, die finstere Miene, als wäre ich Luft für ihn, danach das stets freundliche Grinsen. In solchen Augenblicken vergaß ich seine Boshaftigkeit, mit der er mich zur Raserei bringen konnte. Er hatte nämlich seine eigenen Vorstellungen von unserem Zusammensein.

Wollte ich zum Beispiel bei der Durchsicht eines Diktates ein Wort streichen oder gar ein anderes einfügen, verunstaltete er in unglaublicher Geschwindigkeit einen vorher in seiner Form ästhetisch aussehenden Absatz oder gleich die ganze Seite. Veränderungen schätzte er eben nicht und zahlte sie mir mit Mißachtung meines übertriebenen Hanges zur Vollkommenheit heim. Fühlte er sich überfordert, stieß er einen schrillen Pfiff aus. Spätestens dann wußte ich, es war größte Vorsicht angebracht, um ein Chaos zu vermeiden.

Eigenwillig vertrat er seine Meinung. Ich war gut beraten, seinen Standpunkt zu respektieren. Tat ich es nicht, legte er mich hinterhältig rein. So teilte er mir einmal mit, für heute habe er genug. Das verstand ich ja noch. Aber, daß er auf die letzte, beschriebene Seite ein Visitenkärtchen malte, 'ich bin randvoll', dafür hatte ich kein Verständnis. Warum hatte er sich nicht rechtzeitig gemeldet, anstatt die Seite zu verderben? Er verharrte in ein- und derselben Haltung. 'Was war los mit ihm?', fragte ich mich. 'Ist er nun verrückt - oder ich?'. Für ihn gab es weder ein Vor noch ein Zurück. Die Motorik seiner Bewegungsabläufe hatte sich ausgeklinkt. Und ich fand keine Möglichkeit, ihn aus seiner Lethargie herauszuholen. Verzweifelt stürzte ich davon, ohne mich zu verabschieden. Als ich nach Stunden widersprüchlicher Gedanken wiederkam, hielt er mir noch immer das Kärtchen entgegen. Auf gutes Zureden ließ er sich nicht ein. So ein sturer Bock! Schließlich einigten wir uns, die Seite zu vernichten. Daraufhin vernahm ich ein zufriedenes Brummen, das mich an das Krächzen einer heiseren Krähe erinnerte - und es kam wieder Leben in ihn.

Ein anderes Mal verbrachten wir ein ganzes Wochenende zusammen. Unverfroren und gemein täuschte er mir wohlwollendes Einvernehmen vor. Jedoch, als es ans Abschiednehmen ging, verwünschte ich meine Gutgläubigkeit. Er hatte nichts begriffen. Folglich würde er auch kein Sterbenswörtchen davon behalten. Zwei Tage harter Arbeit waren umsonst gewesen. Ich hätte heulen können. Das, gelang mir gerade noch, zu verhindern. Denn ich hatte inzwischen erfahren, er war nicht in der Lage, mit meinen Gefühlen umzugehen.

Anläßlich eines nahenden Wutausbruches sah ich mir hämisch lächelnd die Nummer auf seinem Körper an. In meiner Rage entblößte ich ihn gierigen Blickes, ließ ihm nicht einmal sein Hemd. Jawohl, in seiner Haut waren gut sichtbar die Ziffern 8-2-5-6 eingeritzt. Auf meine Frage, wie die dahin gekommen seien, mußte er passen. War doch klar, zu dem Zeitpunkt hatte in seinem Kopf die absolute Leere geherrscht. Immerhin könnte es sich hier durchaus um eine

Häftlingsnummer handeln, durchzuckte es mich wie ein Blitz. Damit wäre dann auch sein widerborstiges Verhalten zu erklären!
Manches Mal warf ich mich nachts im Bett von einer Seite auf die andere mit der brennenden Frage, was ich falsch gemacht habe, was ich anders machen müsse. Seine Logik war unfehlbar. Er vergaß nie etwas. Machte ich einen Fehler, fiel es ihm schwer zu verzeihen. Bis ich zu der Erkenntnis gelangte, nahm ich Wechselbäder zwischen Hoffen und Bangen.

Wir haßten und wir liebten uns. Wir ließen keine Beleidigung, keine Verletzung aus. Dennoch schmolzen wir im Laufe der Zeit zu einem guten Team, echten Partnern zusammen.
Heute gehen wir eher förmlich miteinander um. Einschalten, Diskette einschieben - und ab geht die Post.

EX IST IN

Intercity

Expreß indezent

Inlett exzellent

Exote infiziert

in flagranti explodiert

Export intakt

intim exakt

inschallah

Susanne Meeske-Geffroy / ZWEI GEDICHTE

VERGESSENE GRÄBER

Sonne fällt auf morsche Kreuze
ohne Namen
unter wilden Blumen schlafen viele.

Sonne fällt auf schmale Wege
ohne Pflege
unter grünem Rasen schlafen viele.

Sonne fällt auf diese Stätten
ohne Liebe
in der dunklen Erde schlafen viele.

WORPSWEDE

Es ruht in den Wurzeln des Baumes
noch ein Rest der Traurigkeit,
geboren aus Einsamkeit und Nebelschwaden
an einem herbstlichen Abend.

Es ruht auf dem Grunde des Moores und der Wiesen
noch ein Rest des Alleinseins
gepaart mit Frösteln und Schauern
eines stürmenden Novembertages.

Vielleicht in dem Bett des Flusses und der Bäche
noch ein Funke des Vergangenen,
umarmt von Wehmut und Sehnen
eines tröstenden Frühlingstages.

Felicitas Kohring / SCHILF I

Ich bin die Nummer eins der Weltrangliste und um mich herum ist niemand weit und breit. Ich beiße hinein und der Saft tropft rechts und links. Ich lebe vor der Jahrhundertwende und es ist wieder Gründerzeit. Früher verstand ich mich auf Herztransplantationen. Aber ich habe vergessen, wie man es macht. Ich konnte auch die Krümmung einer Linie berechnen. Kopfunter läuft der Schilfrohrsänger (gemein) so glatt wie Schokolade. Mein Herz ist so groß wie sein Revier.
Schalmeienholz, ich setz dich an die Lippen, ganz jung kann man dich essen, aber wer, das weiß ich nicht.
Schilf, so grün wie meine Augen, so alt wie mein verwittertes Geschlecht.
Du welkst so schön! Auf der Spitze des verjährten Halmes trägt du das greise Gefieder, wir halten uns an den Händen und bilden mit den Füßen ein Geflecht im Morast,
so haften wir und werden nicht hinausgeschleudert.
Der gestirnte Himmel über mir, desto schneller, wenn die Satelliten kreisen.
Es ist bald Jahrtausendwende und wir haben nichts gelernt. Und es ist Mai.
Die Kartoffeln wachsen auf endlos langen Grabeshügeln, die Pfingstrosenknospen sind voll zum Platzen auf Fronleichnam zu, oelig, klebrig, Ameisen drauf, besoffen, Rhabarberblätter für die sehr Schamhaften oder für Frau Wirtins Schmied.
Der Schnittlauch blüht. Mein Herz hat einen Phantomschmerz. Zurück ins Schilf am Nachmittag. Ostwind, das Schilf am Nachmittag. Das Schilf trabt. Erst vorne links, dann hinten rechts, dann hinten links, dann vorne rechts oder umgekehrt. Das ist gewißlich wahr.
Aschblonde Schöne von Gestern und Vorgestern, aus dir flechten die Engel der Welt ein Dach. Trügerischer Garten für meine ungedüngten Gedanken. Da bau ich mir kein Nest. Unter den Schilfaugen.
Und Flügel hast du, gewendelt, sechs mindestens, wie Cherubim, sie wachsen an den Kupplungsstellen aus deinem Teleskopkörper und zucken wild im Spiegelbild, als stündest du noch blitzend vor dem Paradies. Schilf genügt. Laß uns das Schilf bewachen wie die Genesis. Es sammelte sich das Wasser unter dem Himmel an besondere Orte, daß man das Trockene sehe. Und Gott ließ einen Zwischenraum und da wuchs das Schilf. Tot und lebendig zugleich und im Erdreich und im Wasser. Amphibisch wie unsere Großeltern.
Der Augenblick, wo das Leben aus dem Wasser auf das Feste tritt. Ein Zögern noch, sehr berechtigt.

Ich schiebe mich aus dem Wasser auf das Feste und bleibe liegen und atme durch Lunge und Kiemen. Und lasse die Flossen trocknen.
Ich verlasse das Zwischenreich, ich verlasse die schwimmenden Gärten, mein Fischschwanz teilt sich bis zur Schamgrenze und alles beginnt. Rosig spitz, aus schwarzem Gewöll erigierst du im Frühling. Das Schilf vom Vorjahr, die alten arbeitslosen Halme, vollendete Vergangenheit, die haben schon vor, dein Dach zu werden, die wechseln den Dienstherrn, die flechten dir Körbchen für dein ausgesetztes Kind.
Oh, es gibt sie bis zu fünf Metern Länge, hinreichend dich zu verbergen, und wenn du ein Riese wärst, den ganzen Winter lang.
Du blickst über den Bootsrand und deine Haare fallen dem Wasser ins Gesicht. Spiegelt sich mein Schatten? Doppelte Verneinung? Mein Schatten gespiegelt, bin das wieder ich? Aber nein. Mein Schatten ist auf den Grund gesunken, schwer von mancherlei Traurigkeit. Flechte die Schattendecke, streu das Schilf dem geträumten Vieh und steck es in den Kachelofen in der Sterbestunde. Seit heute weiß ich, warum Maler malen. Sie malen, wie Angler angeln. Schilf am Morgen, Schilf am Mittag, am Abend. Schilf in der Nacht.

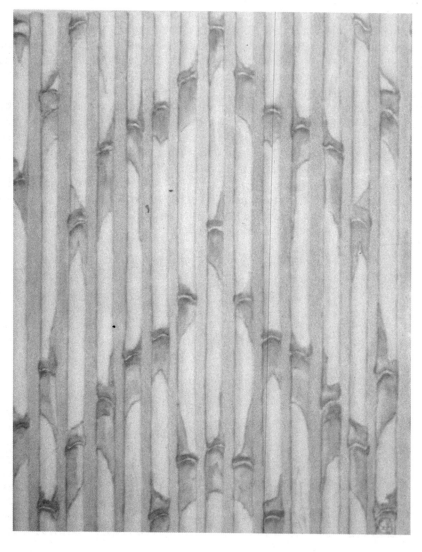

Schilfrohr: Dithyrambisch I / Druckgraphische Abnahme von Aquarell

Schilfrohr: Dithyrambisch 2 / Druckgraphische Abnahme von Aquarell

SCHILF II

Amfortas Klagen werfen Wolkenschatten auf das Wasser.
Im Sommer trinken die Stuttgarter den See aus, das Schilf liegt trocken wie im Werbefernsehen, keine Feuchtigkeit auf der Haut, steht auf Muscheln, Millionen, gut sortiert. Kleine, kleinste, unsichtbare. Das Schilf bemehlt, das Schilf in Milch getaucht.
Das Schilf berührt sich zärtlich, beschwichtigt sein Verlangen, die Luft, die Lust steigt sanft.
Ostwind, der Sturmglühwurm von Steckborn schluckt und spuckt, zerbricht die Minute in fünfundvierzig Teile, versuch das mal. Paßt auf! Mißtraut dem See!
Das Schilf erbebt, erhebt und setzt sich wieder, die Welle zum Ansporn für die Segelschiffe, und ein Mensch wischt sich die Rührungstränen ab,
erreicht das Ufer, Schiffe, dieser See hat nicht nur eine Oberfläche.
Dieser See ist tief. Und ich nur, die ich auf den Händen gehe und ab der Mitte ein Fisch bin, kenn mich da unten aus. Wenn nicht die Wunde wäre, die Wunde meines Sündenfalls.
Heftig flüstert das stimmbandlose Schilf.
Vineta, Steckborn, und du kommst nur hinein mit einem Vreneli und kannst es zweimal sehen, die schöne Stirn, und hinten krabbeln Würmer raus und Aussatz kriecht die Hänge hoch.
Aus dem ertrunkenen Schilf vom vergangenen Jahr bauen die Bläßhühner einen Pfahlbau wie von ehedem. Das Moos vergreist im Licht. Die großen Eltern, die kleinen Kinder, wie passen sie hinein? Es scheint, sie wohnen im Schichtwechsel. Schlafburschen immer zwei. Und die Mutter bei der Heimarbeit, flechten, gitterstopfen, dachdecken, Fugen dichten, es muß wohl doch der Vater sein.
Das Schilf des Sommers ist unteilbar. Die alten Wege umschließt es dicht und löscht sie langsam aus. Über dem Kopf nur grüne Maßwerkfenster,
flamboyant für meine Mutter.
Der Bodensee ist zum Trinken schön. Immer brauchst du für das Schöne auch die Nachbarsinne. Wasser essen trinken hören fühlen und dem Schilf die eigene Stimme leihen.
Und jetzt ist Sturm. Das Zweifache kannst du zusammenklappen, das Schilf vergißt sein Spiegelbild.
Tomaten, die ganze Tonleiter in Zigeuner-Moll, zwischen den Stühlen ist nicht der schlechteste Platz.

Im Schweiße deines Angesichts tust du Dinge um der Dinge willen. Neben dir steht ein zorniger Gott und läßt dich nicht aus den Augen. Ich sah einen Vogel kopfunter aus einer Blüte trinken. Fünf-Mark-Stück-groß ist der Stich auf deinem Zwerchfell, ein Tier war fest in deine Haut gekrallt, gesaugt, gefressen, du bekamst es nur leichenweise raus. Vielleicht erläßt man dir die Schuld.
Den Sommer kann man dies Jahr essen, er ist schwarz und rund und fällt dir entgegen, wenn du die Hand ausstreckst. Beerchen werden Beeren und Beeren werden Büschel und Büschel werden Zweige und Zweige werden Hecken und Hecken ranken und der Sommer wächst sich zum Dornröschenschloß. Da schlaf ich hundert Jahre mit einer Brombeere im Mund...
Das Schilf streift den Himmel mit seinen beaujolaisroten Fahnen, Haaren, Pinseln, Ruten, Rauten, Rispen, du weißt schon, die in Wahrheit kleine Früchte sind, jede mit eigenem Flughaar. Zum Zweck des universellen Gattungsgeschäfts. Drum fürchtest du den Wind auch nicht, du brauchst ihn ja. Du drehst dich mit dem Wind und keiner nimmts dir übel. Der Sturm, was soll dir schon geschehen? Den Sturm für deine Lust.
Auch der Tod ist da in schmeichelnden weißen Kreisen und schlingt sich eng und immer enger (milder weißer Tod, kann denn das Grüne so schwer sein?). Eben will das Schilf die Sonne grüßen, da ists besiegt und knickt und bricht.
So ist es im August und soll so sein und wird so bleiben, wenn wir Phosphate und Tenside sparen, es ist der Lauf der Welt.

Csaba Mánfai / DER LEISE VOR SICH HIN
STÖHNENDE   MÜLL   BERG VON C.

ANSAGE

sie sagt WENN DU

STIRBST DANN GIB

MIR EIN ZEICHEN

WO IMMER DU

AUCH BIST er

sagt ICH WERDE

DA SEIN ICH

WERDE DICH

IM AUGE BE

HALTEN

AHNEN

am meisten mochte ich meinen selbst
mörder großvater von dem nie jemand was
erzählt hat auch dass er sich umbrachte
habe ich nur zufällig erfahren ich stelle
mir meinen vater in der badewanne vor
so liege ich auch so liegen wir
im sarg mit vorne gekreuzten händen
verschämt nach einem leben

SCHLACHT MIT MESSER & GABEL

es ist sehr müh
sam mit ihr all(1)
zu sein
ich mach fotos von
ihr
sie macht fotos von
mir
die springen fertig
aus
wir bewundern uns
das dauert
5 min

IKONTEXT

sie kommt zu
rück ich war
te sie ver
tauscht die
momente
punkt 1
punkt 2
punkt 3
mit drei (3)
gehts los
ich wähle
nummer (2)

SCHACHZUG

STEIN & WEICH KORALLEN

sie war (1) wunder
bare geigerin so wunder
bar dass ich sie nicht
hören konnte
wir bleiben da
bei dass sie (1)
wunderbare geigerin
war
wir besuchen ihren
alten lehrer der
sie vergewaltigen
wollte
wir spucken
ins bett &
gehen durch
das fenster &
durch die gräber

FREIGANG

**WIR HABEN
 IHN ER
SCHLAGEN**

er wurde schon ein geschult
er wurde schon minder jährig
er wurde schon soldat
er wurde schon er schossen
aber wir haben ihn er schlagen
du und ich

EIN
FOETUS

er spricht von todes
ahnungen
er bittet
man möge ihm
kein toten
hemd an
ziehen

MAKABRE

ruhige kinder
spielen im toten
bett sie sind
klein & klug
ihr verhalten
sagt nichts
über den toten
& die um
stände wie
& wo er um
gebracht wurde
sie spielen so
ruhig dass er
blind weiter
schlafen kann

GALAVORSTELLUNG
(parlando)

im foyer sind einige totenschädel und altersporträts zu besichtigen greise und greisinnen in nagelneuen rahmen
   der intendant hatte die ansicht vertreten der schauspieler müsse so verewigt werden wie er im herzen der zuschauer lebt dann aber kam ein neuer intendant und dieser war der ansicht der schauspieler müsse so verewigt werden wie er ist im klartext er dürfe mitnichten verewigt werden er sei stets dem status quo entsprechend zu zeigen wie jeder andere achtbare bürger auch der siebzigjährig nicht mit seinen jugendbildnissen prahlt und ist einer schon tot so müsse auch dies zur kenntnis genommen werden
   probleme ergaben sich erst als das ehrenmitglied des ensembles eine ehemalige soubrette im alter von einhundert und drei jahren verschied zuerst stellte man die totenmaske aus dann die photos von der bestattung dann die gegenstände die eigentlich in den sarg hätten getan werden sollen aber nicht wurden schliesslich kam ein totenschädel hinzu unter den nicht eingeweihten entbrannte eine heftige diskussion ob dieser wirklich bestandteil der verstorbenen sei die insider freilich wussten dass es eine nachbildung war nach der exhumierung anhand eines abgusses angefertigt
   zu dieser zeit standen im foyer bereits drei totenschädel sie schreckten das publikum nicht im gegenteil immer mehr aussenstehende gewannen die überzeugung es handle sich um die originale immer mehr insider wussten dass es nur kopien waren
   nicht nur das foyer veränderte sich auch das repertoire dreimal in der woche stand hamlet auf dem plan an den restlichen tagen wurden stücke aufgeführt in denen es um beerdigungen exhumierungen präparieren sterblicher überreste und dergleichen ging das theater florierte
   auch sonntags wurden einschlägige stücke gespielt immer mehr insider wussten dass die totenschädel nicht die originale waren sie wussten sogar von wem die nachbildungen stammten (diese künstler stiegen bald zu stars auf) und immer mehr fremde strömten herbei um herauszukriegen ob die exponate körperfremder oder körpereigener schädel der verstorbenen soubrette des verstorbenen tragischen helden undsoweiter wären den insidern entlockte das nur ein lächeln
   inzwischen verstarb auch der intendant in einer vornehmen städtischen klinik die gattin und eine frischgebackene krankenschwester drückten ihm die augen zu die witwe löste dann die finger ihres mannes von den ringen und armbändern die

ihr die hand schwer machten befreite die kaum einundzwanzigjährige schwester aus der umarmung des toten und nahm sie mit nach haus

ein jahr danach wurde der schädel des in die ewigkeit eingegangenen intendanten seiner letzwilligen verfügung entsprechend im foyer ausgestellt dort hatten sich längs der achse und in den verschiedenen nischen mittlerweile siebzehn schädel eingefunden

Karlheinz Machel / ZWEI ERZÄHLUNGEN

AM VORABEND ODER EIN MANN UND EINE FRAU UND EINE NACHT

Marek Wolczinski sah in die strahlende Sonne des warmen Augusttages. Sonnenwärme durchflutete den Markplatz des kleinen Grenzortes. In der Spätvormittagsstunde herrschte hier ein geschäftiges Treiben. Frauen jeden Alters boten in den nicht leichten Zeiten des Jahres 1939 selbstgezogene Feldfrüchte feil. Marek mochte dieses Durcheinander, das Geschiebe und Gedränge vor den Ständen, die laut schnatternden Enten und Gänse, blökenden Schafe und meckernden Ziegen, den frischen erdigen Geruch des Kohles und den gelbfrischen Glanz saftiger Äpfel. Nirgendwo, wenn nicht hier, dachte er sich, pulsiert das Leben. Insgeheim hoffte er, die kleine Maryta, Tochter des Gemüsehändlers Goldsztyn, hier zu treffen; ihre blauen Augen konnten mit dem Rotgold ihrer Haare jedem Sommertage Konkurrenz machen.

Der alte Goldsztyn, ein gebücktes Männlein mit krausem schwarzen Haar und einer gewaltigen Adlernase, ordnete das Gemüse auf seinem Handkarren. Mit einem langen weißen Gewande hätte man ihn sich als alttestamentarischen Mose vorstellen können, Marek mußte über seinen Gedanken unwillkürlich lächeln.

Er trat an den Wagen heran, etwas unsicher, hinter dem auch Maryta hantierte. Sie wurde hinter ihrem gewinnenden Lächeln tiefrot, als sie den jungen Mann nach seinen Wünschen fragte.

"Ein Pfund Äpfel bitte und...einen Nachmittag mit Ihnen", fügte der Angesprochene leise hinzu. Der alte Aaron Goldsztyn lächelte wissend und sah diskret in eine andere Richtung. Ihm wäre der junge Schmied als Schwiegersohn schon recht, war doch dieser anders als die übrige Dorfjugend mit ihrem leichtsinnigen Treiben; auch legte er keinen besonderen Wert auf den mosaischen Glauben bei Freunden und Angehörigen, hatte er doch seine Frau in einem kleinen Ort jenseits der Grenze vor vielen Jahren kennen- und liebengelernt. In jener Zeit, als Deutsche und Juden dort noch heiraten durften...er schüttelte den Gedanken unwillig ab. Heimlich wandte er seinen Blick den beiden zu, die sich ohne viel Worte zu verstehen schienen. Er nickte Marek aufmunternd zu: "Wenn Pan Marek mecht heut nachmittag mal nach meinem Wagen schauen. Ich glaub, er kennt ein wenig Schmier brauchen", sagte er in seinem sonderbaren Gemisch aus Deutsch und Polnisch.

Marek sagte mit stillem Herzklopfen zu, die Äpfel in seinen leicht zitternden Händen. Er war stolz auf sich, endlich hatte er es gewagt - und gewonnen. Er entfernte sich beschwingten Schrittes, konnte den Nachmittag kaum erwarten.

Diesem Nachmittage folgten weitere. Gemeinsame Spaziergänge in den sachtdurchschatteten Wäldern nahe dem Orte machten aus Freundschaft Liebe. Die erste zarte Berührung, ein erstes Hand-in-Hand gehen, ein leiser erster Kuß, unschuldig hingehaucht auf die Wange des Mädchens im sanften Dämmer des abendlichen Abschieds, ihr unsicher ein gefaltetes Papier in die Hand drückend, das sie nachts beim Kerzenschein überglücklich, klopfenden Herzens las:

> Es gibt Tage...
>
> Es gibt Tage, da denk ich an Dich
> Und wünschte ich wäre bei Dir
> Das sind Tage da fühlte ich mich
> Müde vor Sehnsucht in mir.
>
> Es gibt Tage, da spür ich "Du bist nicht fern"
> Dann kuschelte ich mich gerne an Dich
> Deine wärmende Nähe spürt ich dann gern
> Und flüsterte "Ich mag Dich"

dies unter dem Kopfkissen für die kurze Dauer einer Ewigkeit dieser Nacht verborgen. Unruhige Erwartung der Morgenstunde, Träumen im Grase des Nachmittags unter schattenspendenden Bäumen, ein Erbauen von Luftschlössern, Zukunftpläne liebestrunken: später... später, drei Jahrzehnte später die Zeile eines Liedes, das auf diesen Tag gepaßt hätte: "it's funny how young lovers start as friends", wie für sie komponiert, von ihnen nie gehört. Wenig später wurden aus den Noch-Kindern Leute, heimlich nachts entstanden Mann und Frau, erkannten sie einander, zwei liebesheiße Leiber in der Metamorphose des Glücks.

Marek war in einer Stunde zum Mann erwachsen, sein Körper glühte noch lange nach; er sah der Zukunft nicht mehr beunruhigt entgegen, alles würde sich schon gut entwickeln, ab heute hatte er für eine Familie zu sorgen, interessierte er sich erstmals für Politik. Vor fünf Jahren war mit dem sich wildgebärdenden Nachbarn im Westen ein Nichtangriffspakt geschlossen worden und Fürsprecher England würde Polen schon schützen, auch vor dem säbelrasselnden Anrainer im Osten, dachte er bei sich. Die Welt wird nicht tatenlos zusehen.

"Woran denkst Du?" fragte Marysia leise, ihren Kopf an seine Schulter bettend. "An unsere Zukunft, Kotku", antwortete er zuversichtlich und sprach mit fester

Stimme von Träumen, die keine Träume bleiben sollten. Marek träumte Rilke an die vom Kerzenlicht durchflackerte Zimmerdecke, dankbar halblaut murmelnd:

> Melodie des Lebens
> Wie soll ich
> an meine Seele halten,
> Daß sie nicht an Deine rührt?
> Unsere Gefühle nicht erkalten
> Dein Glanz mich weiterhin verführt.
> Was uns berührt, nur Dich und mich,
> Hält uns zusammen wie ein Bogenstrich,
> der aus zwei Saiten eine Stimme zieht
> zu unserem - zu Deinem Lied.

Er deckte die ruhigschlafende Geliebte in seinem Arme wärmer zu, drehte sich sacht, das Licht zu löschen und sah - Gott dankend für diesen Tag - auf den Kalender, dessen Blatt, heute schon gestern, er leise entfernte, es war der erste Tag des Septembers.
Kein Gott, kein Mensch erhörte ihre Bitten...

- ALWAYS LOOK ON THE BRIGHT SIDE OF LIFE -

Ich muß vorausschicken, meine Gattin ist eine fantastische Frau, sie ist, um mit einem Schriftstellerwort zu sprechen, "die beste Ehefrau von allen!" Sie ist humorvoll, intelligent, sexy; kurz, ein Vollweib wie man es nur selten findet und man sollte meinen, unser Glück müßte ungetrübt sein, wenn nicht... Aber bitte, urteilen Sie selbst:

Ich kam heute, wie üblich, gegen 15:30 h nach Hause, meine fantastische Ehefrau saß am Kaffeetisch und blätterte gedankenverloren in Claude Monet's "Der Impressionismus und ich". Nach unserer Begrüßung, welche wie immer recht herzlich erfolgte, fragte mich meine fantastische Angetraute, ob ich wüßte, daß Monet Schuhgröße 45 hatte. Dieses war mir in der Tat nicht geläufig, was ich unumwunden eingestand. Meine zauberhafte Gattin schenkte mir mit artistischer Eleganz Kaffee ein, ohne dabei ihr Buch aus den Augen zu verlieren, während sie fast beiläufig hinterfragte, ob mir bekannt sein, daß dieser Halbgott der Malerei das Quer- dem Hochformat vorgezogen habe; auch dieses war mir bis dato unbekannt.

"Denk Dir nur", sagte sie mit zauberhaft enttäuschter Miene, "die in der Landesbibliothek sind nicht in der Lage, die Biographie des Pierre Renoir 'Mein Vater Augutse Monet' zu beschaffen. Nur Kunstbanausen, deren Fachwissen von keinster Sachkenntnis getrübt ist."

Auf meine Frage, warum Monet ihr neuer Favorit sei - bis gestern hielt sie schließlich Renoir (den Älteren) für das Genie des Impressionismus schlechthin - erwiderte sie mit einer abwertenden Handbewegung, Renoir sei doch ein alter Hut - Monet hingegen strahle den reinen Eros in seinen Farben aus.

Ach ja, guter alter Renoir, ich verkniff mir eine Träne aus den Augen, hatten doch Renoir und ich uns im Laufe der Wochen und Monate angefreundet; er schlief in Buchform in meinem Bett, lag auf dem Frühstückstisch, schaute mir - auf dem Heizkörper liegend - bei der Morgentoilette zu, kurz, er war ständig zugegen.

Lediglich mein Arbeitsplatz war zur Renoir-freien Zone erklärt worden, von gelegentlichen Anrufen meiner fantastischen Gattin abgesehen, in denen sie mich fragte, ob mir geläufig sei, Renoir wäre, hätte, sei gewesen... Auch dieses war meistenteils Neuland für mich gewesen - wer weiß heute schon zu berichten,

Renoir hätte grüngetupfelte Unterwäsche bevorzugt? Auch befürchte ich sehr, daß derartige Feststellungen nicht gerade von allgemeinem Interesse sind. Als mein Vorgesetzter mich wissen ließ, meine Privatgespräche hätten mich länger als die reguläre Arbeitszeit am Telefon festgehalten, kam meine intelligente Gattin nicht umhin, ihn bei ihrem nächsten Anruf als Kunstbanausen zu titulieren, was mir wiederum eine Rüge einbrachte, gelinde gesagt.

Lieber Freund Renoir - seine zwei Meter Bücherregal stapeln sich nun im Keller in vorzüglicher Harmonie mit den dreieinhalb Metern Rodin sowie etlichen Kubikmetern Kunstbänden und Ausstellungskatalogen - harren hier dem Dunkel kommender Jahrhunderte.

Auf meine Frage, was im Garten passiert sei, ich hatte mich beim Betreten des Hauses unvorsichtigerweise umgeschaut und wäre beinahe zur Lot'schen Salzsäule erstarrt, nannte sie nur ein Stichwort, welches mir das Blut in den Adern gefrieren ließ: "Giverny!"

Größere Erdbewegungen schufen hier eine Mondlandschaft, die den Grand Canyon als Rinnsai erscheinen ließen. Am Ufer ihres gerade gefluteten Sandkastens saß mit traurig-verstörtem Gesicht unsere kleine Tocher und tappte mit ihren mit Pappschachteln von Ausstellungskatalogen bewehrten Füßen (wissen Sie, was heutzutage Kinderschuhe kosten?) unlustig im Wasser herum. Große Krokodilstränen kullerten ihre rosa Kinderbäckchen herunter und versickerten in den Tiefen eines ihrer unzähligen Pullover mit Renoir-Motiven - hier steht uns wohl in naher Zukunft eine 'Aufribbelaktion' bevor. Ich sah erschüttert aus dem Fenster auf den Rasenmäher, der einsam und verlassen im ehemaligen Mimosenbeet der Bonnard-Phase stand. Hier schaute vor gut drei Monaten ein umfangreicher Sonnenblumenhain, 'Die tausend Augen des Vincent van Gogh', auf die Felswüste der vergangenen Rodin-Ära.

Meine fantastischere Hälfte reichte mir mit fantastisch gespielt gleichgültiger Miene die Tageszeitung, in welcher ich zu blättern pflege. Die Schlagzeile 'Bildfrevel' auf der ersten Seite erweckte mein Interesse:

> Eine Person weiblichen Geschlechtes habe, wohl in Degas' falsch
> verstandene Fußstapfen tretend, das hiesige Museum heimgesucht,
> um Werke des Expressionismus impressionistisch zu 'korrigieren',
> ein jedes Werk mit einem immensen gelben Handabdruck signierend,
> so daß die Weltpresse von einem Arsene Lupin der Malerei sprach.

Im Kunstfeuilleton berichtete man über
"eine Person,
welche sich einem namhaften Nachrichtenmagazin als Frau Kujau
telefonisch meldete, um, wie sie sagte, 'echte' Rubenstagebücher
für einen Betrag in Millionenhöhe
zu veräußern".

Es klingelte an der Haustür. Als ich öffnete, waren mehrere Arbeiter damit beschäftigt, ein beträchtliches Volumen Altpapier, wie ich zuerst glaubte, vor unserem Hause zu stapeln. Bevor ich jedoch protestieren konnte, teilte mir meine fantastische Gattin mit fantastischem Lächeln mit, dieses wären ihre bestellten "PAN-Zeitschriften" vom Jahr des ersten Erscheinens bis zur Gegenwart. Auf meine Frage, wieviel dieses nun wieder koste, hielt mir meine Frau entgegen, Radfahren sei ohnehin gesünder, ich solle mich freuen, unser Auto so gut losgeworden zu sein, bei der Kunst dürfe man nicht auf den Preis schauen und überhaupt...

Die Nachrichtensendung des Radios weckte mich aus der Erstarrung: Die üblichen Sparappelle der Bundesregierung, die Bereitstellungsmeldungen der üblichen zinslosen Milliardenkredite für Taubenzüchtervereine in Afghanistan, unverschuldet in Not geratene Millionäre in den USA und dem sozialen Wohnungsbau in den Polargebieten, eine Regionalmeldung: Heute morgen habe eine lesende Radfahrerin einen vollbesetzten Reisebus in den Straßengraben der Rubensallee abgedrängt, Personenschäden seien glücklicherweise nicht entstanden. Nach Zeugenaussagen sei die radelnde Leserin identisch mit jener lesenden Fußgängerin, welche gestern in der Kokoschkastraße durch unachtsames Überqueren der Fahrbahn eine Massenkarambolage verursacht habe. Ein am Unfallort gefundenes Buch mit dem Titel "Klara Monet - Mein Leben mit Claude" solle der Polizei bei der Ermittlung der Unbekannten behilflich sein.
Mich beschlich ein furchtbarer Verdacht...

DOMESTIZIERTE NATUR

In des Tages Ausklang
sehne ich mich oft danach
Deine Bilder zu betrachten
 - in unseren Träumen zu schwelgen -
die so klar sind
wie die sanfte Wildheit
Deines Blickes.

REMINISZENZ

Ich sehe mich oft im Bleikeller stehen
sprachlos, unfassbar
Schwankend zwischen Verzauberung, Besinnung und
Entsetzen:
ratlos vor der Übermacht der Zeit
in der stillen Welt der Toten
ungläubig ahnend Einer von Ihnen zu sein
 - Wer warst Du - wer bin ich -
unausweichlich, verloren
Und in Ahnung der Vergänglichkeit auch
Deiner Schönheit
die ich nicht zu retten vermag...

Maria Nekes / ZWEI GEDICHTE

MAMA

Ich trage ihre Schuhe
geh mit ihren tastenden Schritten
hab um den Hals ihren Rosenkranz
und ihren weichen weißen Schal

krampfe meine Finger
in ihre kleinen Kostbarkeiten
in dem roten Holzkästchen
von ihrer zärtlichen Hand bemalt

sehe sie verloren lächeln
auf einem Foto allein unter Fremden
ich klage laut eine uralte Klage
am Todestage meiner Mutter

BEENDETER SEPTEMBER

Im ruhenden Kern
springen Erinnrungen mich an
aus kreisenden Bahnen

Teile von mir
erkannt in irrsinnsnahen Nächten
vertraut nun, nicht mehr bedrohlich

werden zurück in ihren Lauf geschickt
gelassen abrufbar

Friedrich-Wilhelm Petig / HAPPY END

Zwei Bauern, sie wohnten in Niedersachsen
Wollten vor lauter Ehrgeiz immer nur wachsen
Aneinander grenzten zwar ihre Betriebe
Doch es war nicht die große Liebe
Hat einer der beiden mal investiert
Zeigte der andere sich gleich verwirrt
Er konnte selber nur ins Wachstum fliehn
Um am Nachbarn noch vorbeizuziehn
Die Frauen mußten sich besuchen
Um herauszufinden bei Kaffee und Kuchen
Welche Maschine ist als nächste dran
Und viele Grüße noch von meinem Mann
Es wurden Ställe gebaut, es wurde Land gepachtet
Die Höfe wurden verbessert - objektiv betrachtet

Aber inzwischen krähte vom Mist der Hahn
Der Ehrgeiz ging über zum Größenwahn
Der eine fing an sich schick zu kleiden
Und ließ von seiner Frau sich scheiden
Er nahm sich ein Mädchen, jung und blond
Redete Fremdwörter häufig, doch selten gekonnt
Da sagte schließlich der andere: "Wehe, wehe
Das ist auch das Ende meiner Ehe
Um mit dem Nachbarn mitzuhalten
Hat meine Frau zuviele Falten"
So holte er sich nach einigen Wochen
Ein Top-Modell, sie konnte nicht kochen
Aber ging sie am Hoftor spazieren geschwind
Wehten ihre lockigen Haare phantastisch im Wind

Nun investierte der Nachbar vehement
Kaufte für jede Maschine sich einen Fendt
Er schlägt den anderen nun um Längen
Braucht die Maschine nie mehr abzuhängen
Der Nachbar kontert, er ist auf Zack
Erwirbt sich Traktoren der Firma MB Trac
Er fährt oft über die Straße, das macht er gern
Sein Gesicht glänzt genauso wie sein Stern

Der andere wiederum gibt sich Mühe
Baut den Boxenlaufstall für 300 Kühe
Studiert laufend alle Angebote
und least sich eine Rübenquote
Der Nachbar kauft ohne viel Gestotter
Für 500 Kühe den Melkroboter
Er hat Optimismus, das ist ja das Feine
Und baut den Maststall noch für 10.000 Schweine

Die Region blüht auf, vor allem die Banken
Können sich bei den Bauern bedanken
Wie lautet die Weisheit mit den Binsen
Zahlen die beiden auch pünktlich die Zinsen
Es kam so wie es kommen mußte
Ein noch aus bald keiner wußte
Der erste starb plötzlich vollerSorgen
Der Nachbar erfuhr es am anderen Morgen
Schnell starb auch er, für ihn war's das Schwerste
Er war wieder nicht der Erste

Beerdigungen können auch heute noch wachsen
Es war die größte bisher in Niedersachsen
Ganze Straßenzüge sah man mit Traktoren
Mercedes und Fendt waren auserkoren
Die beiden Nachbarn schließlich zu Grabe zu fahren
Es folgten mit jeweils blonden und grauen Haaren
Die Frauen der verstorbenen Bauern
Es wurden Reden gehalten mit großem Bedauern
Es sprachen Geschäftsführer, Manager und Herren vom Sport
Aus Versehen kam der Pastor auch noch zu Wort
Im Doppelgrab lagen sie Seite an Seite
Alle wußten genau, die Nachbarn waren pleite

Im Himmel sitzen die beiden nun gemütlich
Auf einer Wolke und sind vergnüglich
Man sah, wie sie miteinander lachten
Denn oben gibt es nichts zu pachten
Konkurrenzkampf, nun - da steht man drüber
Alle Menschen werden Brüder
Im Himmel sind sie zwei Bauern von vielen
Donnerstags lernen sie Harfe spielen
Freitags sind sie beim Schlepper-Kursus
Nun ja, im Himmel fährt man "Ursus"...

Herta Setzer / WUESTE

Wüste

Schlangen künden singend
Otterngift.

Achte des Fußes
auf Sand.

Sonne prallt
quält
erbarmungslos.

Durst (mich dürstet, dürstet, dürstet - - -)
Dürre
Im Mund der Kiesel
gibt keine Feuchte.

Wüste überall

ALI

Zögernd betrat der kleine dunkelhaarige Mann mit den fettig wirkenden strähnigen Haaren den Laden. Seine Augen suchten die Kassiererin. Gottseidank, es war wieder die ältere Frau! Die hatte sich schon zwei, drei Mal von seinem Trick, einen auf armen unbekannten Ausländer zu machen, täuschen lassen.

Mit unsicheren Händen legte er einen Geldschein auf den Tisch an der Kasse und sagte bittend: "Frau mir holen eine große Brot und ein Dose Margarine! Auch vier Tafel Schokolade und Schachtel Zigaretten!" Die Kassiererin sah ihn groß an und rief dann achselzuckend nach hinten: "Emil, bring mal Brot und Margarine und vier Tafeln Schokolade von der billigen Sorte; außerdem noch eine Packung Zigaretten, ist egal, von welcher Marke. Dieser verrückte Türke, dieser Ali, ist wieder da!" Unwilliges Gegrunze aus dem hinteren Teil des Ladens, dann schlurfte Emil heran und brachte das Gewünschte. "Hier, Erna, ich hab' die Karo-Zigaretten genommen, von der Sorte haben wir noch besonders viel im Lager," tuschelte er dabei seiner Frau zu.

Flink tippte Erna die Zahlen in die Kasse. Dies war immer der schlimmste Augenblick: würde sein Geld reichen? Der Angstschweiß tropfte ihm ins Genick. Mit unbeteiligtem Gesicht nahm die Frau den Schein, legte ihn auf die Kasse, zählte einige Münzen ab und reichte sie ihm herüber.

Die anderen Kunden drängelten hinter ihm. Mit zittrigen Händen raffte er seine Einkäufe zusammen, wagte nicht, nach einer Tasche zu fragen. Da knallte ihm auch schon die erste Tafel Schokolade auf den Boden. "Herrgott noch einmal, verdammter Mist!" hatte er fluchen wollen, konnte sich aber gerade noch im letzten Moment zusammenreißen. Das halb verschluckte "Herrg..." klang nur wie ein Stöhnen.

Hoffentlich war die Schokolade nicht zerbrochen, sonst würde seine Frau wieder über diese Tolpatschigkeit schimpfen. Über solche Dinge konnte sich Frieda sehr aufregen. Ihre Vorwürfe machten ihn immer so wehrlos, verschlossen ihm regelrecht den Mund. Er konnte es ihr sowieso fast nie recht machen, wenn er ausnahmsweise mal etwas einkaufen sollte. Dabei las er ihr doch sonst jeden ihrer bescheidenen Wünsche von den Augen ab.

Nur raus hier! Er glaubte die verwunderten Augen der Wartenden in seinem Rücken zu spüren, als er zum Ausgang hastete. Wie fanden sich bloß die anderen Leute zurecht? Und wenn er sich den Kopf zermarterte, er konnte sich einfach nicht die Bildchen auf den Lebensmitteln merken, an denen die anderen anscheinend die Sachen wiedererkannten. Nur wenn er etwas lange in die Hand nehmen konnte, dann erinnerten seine Finger sich später daran, wie der Gegenstand sich angefühlt hatte. - In den Supermärkten tat er das nicht mehr, etwas in die Hand zu nehmen, nachdem er ein paar Mal die Bekanntschaft allzu eifriger Ladendetektive hatte machen müssen, die ihm dann zu allem anderen auch noch mit der Polizei gedroht hatten.

Am liebsten war er in seinem Garten. Seine Pflanzen gediehen außerordentlich gut. Wenn er's nicht hören konnte, spotteten seine Nachbarn: "Der dümmste Bauer hat doch immer die dicksten Kartoffeln!" Er bemerkte den Spott gar nicht. Mit unendlicher Zartheit umhegten seine von schwerer Arbeit deformierten Hände die Pflanzen, beruhigend murmelte seine Stimme dazu. Es war, als ob ihn die Pflanzen verstehen konnten.

Freilich, um sie zu erkennen, mußte er sie immer anfassen. Er konnte weder riechen noch Farben erkennen. Für ihn gab es nur eine Welt in Grau. Am meisten aber litt er unter seiner Unfähigkeit, weder lesen noch schreiben zu können. Das Wort 'Lesen' kannte er nur vom Hörensagen, seine wahre Bedeutung erschloß sich ihm nicht. Aber das alles wußte niemand, nicht einmal seine Frau kannte seine Schwierigkeiten genau. Zwar mochte es sein, daß sie etwas vermutete. Trotzdem hatte er es bisher geschafft, mit einer Art Bauernschläue erfolgreich alle gefährlichen Klippen zu vermeiden. Bei seiner Arbeit als Müllmann brauchte er nicht zu lesen und auch nichts zu erkennen. Er mußte nur wie ein Roboter hinter dem Fahrzeug hertrotten und die Müllgefäße auf die Plattform heben.

Um die Geldgeschäfte kümmerte sich seine Frau. Als er sie kennengelernt hatte, hatte er seine Mutter flehentlich gebeten, dem Mädchen niemals etwas davon zu sagen, daß er nicht lesen und außer seinem Namen auch nichts schreiben konnte. Seinen Namen zu schreiben hatte er in unendlich vielen schweißtreibenden Stunden gelernt. Die meisten Leute zeigten doch ganz automatisch auf die Stelle, wo man unterschreiben sollte. Und wenn nicht, konnte man immer noch was von der vergessenen Brille murmeln. Das half hundertprozentig.

Ach ja, seine Frieda! Beim Tanzen hatte er ihr Herz erobert, denn tanzen konnte er wie ein junger Gott. Ohne daß es ihn jemals irgendwer gelehrt hatte, beherrschte er jeden Tanz, sobald er nur die Musik hörte. Nach Feierabend, wenn auch wirklich rein gar nichts mehr im Garten zu tun war, saß er meistens vor seinem Häuschen in der Siedlung am äußersten Stadtrand auf der Bank und spielte ein Musikinstrument. Auch darin war er Meister. Das Akkordeon barg für ihn keine Schwierigkeiten, mit der Mundharmonika konnte er ebensogut umgehen; und gab man ihm eine Trompete, so konnte er einem mit seinem Spiel 'schier die Seele aus dem Leibe ziehen', behaupteten seine Freunde. Am schönsten aber war es, wenn ihm eine Geige in die Finger geriet. Dann streichelten seine rauhen Hände das Instrument genau so zart, wie sie die Pflanzen behandelten. Bei solchen Gelegenheiten lobte Frieda ihn in den höchsten Tönen und sagte so etwas Ähnliches wie: 'es wäre ihr zu Mute, als ob die Töne wie Engelszungen klingend in den Abendhimmel stiegen, sich dort vermischten mit dem Licht der untergehenden Sonne, bis schließlich der ganze Himmel leise zu singen schiene.'

Dann war ihm, als ob all sein Elend von ihm abfiele. Er schwebte mit den Tönen, stieg und fiel, wie die Melodie es wollte. War die Melodie zu Ende, fielen seine Hände kraftlos herab. Linkisch hampelte er mit dem Violinbogen herum, bis sich jemand erbarmte und ihm das Instrument aus den Händen nahm. Von einem Augenblick zum anderen wurde aus ihm wieder der vierschrötige, wortkarge Mann, der nur das Notwendigste sprach.

Ihn träumte oft, es sei ein Wunder geschehen und nichts unterscheide ihn mehr von anderen Menschen. Aber das Wunder geschah niemals. Es gelang ihm dennoch, sein Geheimnis bis zum Ende zu bewahren. Er starb, als eines Tages die Bremsen versagten und der tonnenschwere Müllwagen rückwärts rollte. Die Plattform quetschte ihn gegen die Mauer, bevor der Fahrer sich vom Schreck erholt hatte und krachend den Vorwärtsgang einlegen konnte.

Die ganze Stadt sprach von dem grausigen Unglück. Emil hörte zuerst davon, als er wie gewöhnlich am nächsten Tage im Morgengrauen beim Großhändler das bestellte Gemüse abholen wollte. Beim Frühstück erzählte er seiner Frau davon.

Kurz vor acht schmiß der Zeitungsfahrer das übliche Bündel Tageszeitungen vor die Ladentür. Erna holte das Paket herein und packte es an den Verkaufsplatz. Dabei überflog sie rasch die Seiten. "Mal sehen, ob schon was über den Unfall drinsteht!" murmelte sie vor sich hin. Ah, hier im Lokalteil war ein Bildbericht, das mußte es sein. Sie überflog den Text, betrachtete verblüfft die Photos, las ungläubig noch einmal, jetzt aber konzentriert. Da stand es klar und deutlich: 'Der städtische Müllwerker Johannes Bretmaier fand gestern bei einem tragischen Unglücksfall den Tod.' "Emil, Mann, komm mal schnell her!" Emil trottete heran. "Was is'n los, Erna? Warum schreist du so?" maulte er seine Frau an. "Hier steht was in der Zeitung über den Müllmann! Kuck dir bloß einmal das Bild an, das ist der Türke, der hier manchmal einkauft! Aber das ist gar kein Türke, der hat einen deutschen Namen, das ist ein Deutscher, sieh mal, hier steht's! Nein, sowas aber auch, so ein faules Pack! Mir soll noch einmal einer von denen kommen; achtkantig schmeiß ich den raus! Da spiegelt er mir vor, ein Türke zu sein, bloß weil er zu faul ist, selber die paar Schritte durch den Laden zu machen.

BIOGRAPHISCHES

MARTIN CUTZÉ, geboren in Kapstadt, Südafrika, studierte Englisch, Geschichte an der Universität von Natal, Musik an der Universität von Witwatersrand, Johannesburg und der Nordwestdeutschen Musikakademie, Detmold. Er schreibt seit 1979, vorwiegend Lyrik. Lehrer für Gesang und Gitarre in Lemgo seit 1969 und seit 12 Jahren an der Fakultät für Musik, Universität Bielefeld.

HANS ECHTERBECKER, freier Schriftsteller und Übersetzer, Lemgo. Kanadischer Staatsbürger seit 1971. Studium der Anglistik und Philosophie, Carleton University Ottawa. Lyrik und Poetik, Übersetzungen Deutsch-Englisch-Deutsch.

CHRISTIANE ENGLITZ, geboren 1948 in NRW, Studium der Germanistik und Romanistik in München. Realschullehrerin. Mitglied in verschiedenen Schreibwerkstätten, mehrfache Veröffentlichungen in Anthologien.

ANNEMARIE FEHLBERG, Barntrup, Arbeiterin, Studentin an der FH für Gestaltung in Bielefeld. Seit 2 Semestern eifrige Teilnehmerin des hiesigen Literatur-Workshops und seit zehn Semestern Mitglied des Theaterkreises der VHS Hameln - Trägerin der eisernen Treuenadel.

BETTINA HOHMANN, Jahrgang 1960, studiert Sozialarbeit in Bielefeld. Seit drei Jahren Mitglied im Literatur-Workshop. Schreibt vorwiegend Lyrik und Kurzprosa.

ERLA HÜFFMANN; Detmold, Sekretärin. Schreibt seit dem zwölften Lebensjahr Kurzgeschichten und hin und wieder ein Gedicht. Familiengeschichte von ca. 300 Buchseiten.

FELICITAS KOHRING; Schauspielerin, Sozialpädagogin, Soziolgin. Kleinere Veröffentlichungen, Preis der Romanfabrik Frankfurt am Main 1990/91. Erster Roman 1993 (dtv). Erstes Kinderbuch 1994 (Middelhauve).

CSABA MÁNFAI, 1943 in Neumarkt/Siebenbürgen geboren, kam 1945 nach Ungarn. 1956 aktive Teilnahme am Aufstand in Ungarn. 1962-65 Studium der Medizin. Übte verschiedene Tätigkeiten aus. 1971-75 Studium der Ökonomie, Soziologie und Massenkommunikation. 1976 Diplom. Seit dieser Zeit freischaffender Schriftsteller. Publikationen in westlichen ungarischen Literaturzeitschriften. 1987 Mitarbeit bei der Kölner Literatur- und Kunstzeitschrift "Zeilensprung". Zahlreiche Lesungen und Performances. Nach der Veröffentlichung von vier Bänden in ungarischer Sprache erschien 1988 sein Gedichtband "Umbau" in deutscher Sprache.

KARLHEINZ MACHEL; Jahrgang 1955, Funkamateur. Erste Lyrikversuche 1982. Seit 1992 Literaturkursus VHS, erste Prosa. Seit 1993 Literatur-Workshop VHS Lemgo.
"Wer schreibt, handelt; er setzt Emotionen, Eindrücke, Erlebtes also, um. Diese Eindrücke müssen sich im Autor - durch Erdenken, Erfühlen, Durchleben also - zu Worten und Sätzen verdichten. Schon früh bibliophil vom Vater verprägt, quasi erblich vorbelastet, war mir vertraut, daß Bücher die Gedanken eines Menschen beinhalten; somit so wichtig sind wie der Mensch selbst. Das ist der Grund, warum ich schreibe; ich will keine schönen Texte schreiben (das können andere besser), ich will für oder gegen etwas Stellung nehmen, etwas mitteilen, Gedanken mit dem Leser teilen, austauschen, wenn möglich."

SUSANNE MEESKE-GEFFROY, Fischbeck. Schauspielerin und Rezitatorin. Schreibt Lyrik.

MARIA NEKES, geboren in Duisburg, skizziert 'Nebensächliches', Absurdes, Handlungsgründe.

FRIEDRICH-WILHELM PETIG, Landwirt, Dörentrup-Bega, verheiratet, zwei Kinder. Diavorträge in Versform zum Thema Landwirtschaft, einige Gedichte. "Bega, gereimt und ungereimt", 1991.

FRIEDRICH SCHULTE ZUR HAIDE, freischaffender Maler, Kunstpädagoge und -therapeut. Lebt und arbeitet in Lippe und am Bodensee.

HERTA SETZER, Detmold. Teilnahme an mehreren Schreibwerkstätten, seit langem Mitglied im Workshop Literatur der VHS Lemgo. "Von Kindheit an war Schreiben ein Ausweg; und ein Versuch, das auszudrücken, was nicht gesagt werden konnte." Vertieft sich gern beim Schreiben in die Verästelungen der Psyche. Einige kleine Veröffentlichungen.

"Lebenslanges Lernen ist die Voraussetzung individueller Selbstbehauptung . . . ."

Bundesverfassungsgericht, Beschluß vom 15.12.87-BVR 563/85

Wissens- und Kenntniserweiterung, Aneignung von Kulturtechniken, Selbstbestimmung und -behauptung, die individuelle Kreativität zu entdecken und zu entwickeln, das Bewußtsein zu erweitern und die gesellschaftliche Integration zu erleichtern sind Ziele, die zu erreichen die Erwachsenenbildung / Weiterbildung und damit auch die Volkhochschule der Alten Hansestadt Lemgo hilft.
Sie bietet Kurse, Seminare, Vorträge, Diskussionen, Exkursionen, Studienreisen, Lesungen und Ausstellungen in den Bereichen

Gesellschaft und Politik,
Pädagogik / Psychologie / Theologie,
Kunst,
Länderkunde,
Mathematik / Naturwissenschaft / Technik,
Verwaltung und kaufmännische Praxis,
Sprachen,
Gestaltung,
Haushaltsführung,
Gesundheit,
Schulabschlüsse,
Angebote für Senioren.

Über das Arbeitsprogramm informiert der halbjährlich erscheinende Studienplan.
Alle Bürgerinnen und Bürger der Gemeinden Kalletal und Dörentrup und der Alten Hansestadt Lemgo sind eingeladen, das vielfältige Angebot zu nutzen.
Die Mitarbeiter der VHS Lemgo sind gerne bereit, im Einzelgespräch zu beraten.

VOLKSHOCHSCHULE DER ALTEN HANSESTADT LEMGO

Sie kennen Rilke und Richter, die 1000 Steuertricks und den neuen le Carré. Trotzdem noch Fragen?

Zeit für den Brockhaus in 3 Bänden!

kopieren

wollen uns viele, doch in Preis und Leistung sind wir Spitze.

Copy Center Brixél

Breite Straße 38   32657 Lemgo   Tel. 05261/13768

FREUNDE UND FÖRDERER DER KONZEPTE

Der Workshop Literatur dankt allen Freunden und
Förderern für ihre großzügige Unterstützung:

Sparkasse Lemgo
Kleine Galerie
Bücherstube Pegasus
Magdalena Gustke-Esselmann
Frank und Marie Williams